수필 쓰는 하루

수필 쓰는 하루

초판 1쇄 발행 2024년 7월 14일

지은이 몽자
펴낸이 장길수
펴낸곳 지식과감성#
출판등록 제2012-000081호

교정 주경민
디자인 이헌
편집 이헌
검수 이주연
마케팅 김윤길, 정은혜

주소 서울시 금천구 벚꽃로298 대륭포스트타워6차 1212호
전화 070-4651-3730~4
팩스 070-4325-7006
이메일 ksbookup@naver.com
홈페이지 www.knsbookup.com

ISBN 979-11-392-1982-1(03810)
값 14,800원

- 이 책의 판권은 지은이에게 있습니다.
- 이 책 내용의 전부 또는 일부를 재사용하려면 반드시 지은이의 서면 동의를 받아야 합니다.
- 잘못된 책은 구입하신 곳에서 바꾸어 드립니다.

지식과감성#
홈페이지 바로가기

수필 쓰는 하루

— 몽자

 글을 열며

  등에 지구보다 더 큰 똬리를 얹고 곰작거리며 기어간다. 2쌍의 더듬이는 주위의 낯선 시선을 의식이라도 한 듯 팽팽하게 긴장하며 곧추세운다. 달팽이 한 마리는 몸의 궤적을 그리며 바닥에 자신의 그림자를 남긴다. 그리고 다시 삶의 무게를 등에 지고 느릿한 걸음을 옮긴다. 그런 달팽이를 나는 한참 동안 바라보았다.

  달팽이는 야간이나 비가 오는 낮에 숨어 있던 곳에서 나와 활동을 한다. 활동할 때는 껍데기에서 나와 이것을 등에 진 채 기어다니며 풀이나 나뭇잎을 먹는다. 껍데기는 달팽이에겐 집이자 책임의 짐이다. 그건 숨어 있을 때는 아늑하고 안전한 안식처가 되지만, 밖으로 나와 활동할 때는 버거운 짐이고 내려놓을 수 없는 책임이 되기 때문이다. 껍데기는 자신의 인생이고 그런 삶에 책임을 져야 할 무게이다. 책임의 질량은 껍데기가 커 가면서 지탱해야 할 삶의 무게만큼 더해 갈 것이다.

그러고 보면 달팽이의 껍데기는 나를 숙연하게 만든다. 글을 쓸수록 그에 대한 책임감을 벗어 버릴 수 없으니 말이다. 나의 수필 쓰기는 과거 정돈되지 않은 감정을 정리하고 찬찬히 살펴볼 수 있는 시간이 되었다. 하지만 눈물과 편견이 깨달음과 배려로 바뀌기까지 삶의 무게는 버거웠다. 바닥에 쌓여 있는 묵은 감정과 탁한 생각을 정화하는 건 수필 쓰기였다. 수필은 삶이고 나의 이야기이다. 그렇기에 진솔한 글을 쓰기 위해 힘쓸수록 그에 대한 책임감의 무게는 나를 짓누른다. 글쓰기에 대한 고통이 크면 클수록 자기 자신에 대한 성찰 또한 깊어지고, 문장도 깊어질 수 있다고 본다.

글에는 치유의 힘이 있다고 믿는다. 내가 수필을 쓰면서 지난날 한없이 초라했던 나를 직시할 수 있었던 건, 그렇게 상처투성이였던 나를 보듬을 수 있었던 건 수필의 힘이 아닐까 생각한다. 수필 쓰기가 나의 삶에 스며들었듯이 나의 글이 독자의 가슴에 번져 나가길 바란다. 그런 나의 진심이 독자의 가슴마다 물결치길 기도한다.

목차

글을 열며 4

**하나,
그리움**

엄마의 우산 12
고향에 묻다 15
냄새의 총량 17
낙엽이 남긴 말 20
시간의 결핍, 그리움이 채우다 23

**둘,
마음**

감정의 분리수거 28
습관 다림질 30
뒷모습이 말을 걸어올 때 33
바른 자세 36
말도 인격을 입는다 39
감정을 포장하는 일 41
거짓말의 상처 44
마음에 창문을 내다 46
내 가방 속에 뭐가 들었니? 48
도둑 사냥 50
공(空)터 53

**셋,
사랑**

마음의 나라를 찾아서 58

오빠의 싼타모 61

먼지 64

어둠 속, 한 줄기 빛 66

마음의 버튼 69

미움이 찢겨 나간 자리 72

달력 75

거미줄과 떡집 78

부모를 닮은 손 83

솥뚜껑 85

**넷,
함께
또는
같이**

누군가의 빛이 되는 삶 90

마음의 틈 하나 92

새치와의 공존 95

인생은 시소처럼 98

무지갯빛의 지혜 101

평생 친구 103

층간 소음 107

동그라미 일상 111

**다섯,
삶의
이정표**

커피, 당신의 취향은? 116
일상 속 휴가 채우기 119
숫자에 갇히다 123
사진의 가치, 그 찰나의 본질 127
오해의 시간 속 이해의 자리 130
몽돌의 시간 132
바람이 분다 135
눈물 가두기 138
명절의 고속도로 140
진짜 그림자 144
옥상 정원 147
해우소 이야기 150
슬프고 그리운 정 155
나의 등대 158
스스로 도는 풍차 161

**여섯,
감사와
희망**

특별함 쪽으로 기울어지는 것 166
누군가의 숟가락 169
뜨개질이 수놓은 하루 173
발의 소임 177
물의 힘 180
생각하는 구름 183
산을 품다 186

삶의 흔적 189
새벽을 깨우는 사람들 191
집착과 희망 193
비둘기의 독립 196
중용의 꿈 201
지도가 그린 삶의 해답 204

일곱,
수필 쓰는 '하루'

허기를 채우는 그릇 208
고독은 성장판 사이사이 움튼다 210
삶은 퇴고이다 213
글 숲을 거닐다 215
과녁을 향해 날아가는 글 217

글을 닫으며 220

추천사 222
   우리 시대의 천자춘추(千字春秋)
     노희상(문학평론가, 문학사랑신문 수석논술위원)

하나, 그리움

엄마의 우산

고향에 묻다

시간의 결핍,
그리움이 채우다

낙엽이 남긴 말

냄새의 총량

엄마의 우산

 하늘에 구멍이 뚫린 건가? 굵은 빗줄기는 바람에 몸을 싣고 거세게 땅으로 꼬꾸라진다. 힘이 어찌나 센지 땅에 부딪힌 빗줄기는 제 몸을 튕겨 하늘로 솟구쳐 오른다.

 파란 우산, 노란 우산, 빨간 우산…. 오늘처럼 갑자기 비가 쏟아지는 날에는 학교 앞은 무지갯빛 우산 세상이 펼쳐진다. 처마 밑 둥지 안의 아기 새처럼 발만 동동 구르고 있는 아이들은 오직 한곳만을 응시하고 있다. 마치 어미 새를 기다리는 아기 새와 같다.

 잠시 후, 우산 속 모습을 본 아이들은 하나둘씩 얼굴에 함박웃음이 번진다. 저마다 엄마, 아빠의 손에 이끌려 커다란 우산 속으로 쏙 들어간다. 출입구를 가득 메웠던 공간은 금세 텅 빈 공간이 된다. 남아 있는 아이라곤 나와 몇몇뿐이다. 그마저도 시간이 흐르니 커다란 공간에 단둘뿐이다. 나와 우리 집 골목길 모퉁이에 사는 순미만 덩그러니 남는다. "순미야, 너희 엄마는 못 오신대?" 옆에 서 있는 순미에게 묻는다. 그러자 순미는 눈물을 글썽이며 고개를 끄덕인다. 순미의 부모님은 시내로 일을 다니신다. 거동이 불편하신 할머니는 오시기 불편할 테고. 그래서일까, 우산을 갖다줄 사람이 없나 보다. 그런 순미를 보니 나도 눈가에 눈물이 대롱대롱 매달린다.

그때 학교 정문에서 누군가 헐레벌떡 뛰어온다. 엄마다. 흙이 덕지덕지 묻은 고쟁이 바지를 입고 한 손엔 색이 바랜 우산을 쥔 채로 "명미야! 딸!" 부르며 달려오신다. 나는 엄마를 본 순간 두 눈엔 참았던 눈물샘에서 눈물이 봇물 터지듯 쏟아져 흐른다.

갑자기 내린 비로 논두렁 둑이 무너졌다고 한다. 무너진 둑을 메우느라 하교 시간을 못 맞추었다며 엄마는 나를 다독여 준다. 그리고 그날 색 바랜 낡은 우산은 순미의 지붕이 되어 주었다.

세월은 순식간에 그때의 아이들을 중년으로 만들어 버렸다. 노년이란 무늬는 팽팽했던 부모님들에게 깊게 패인 주름을 얼굴에 새겨 넣었다. 여전히 학교 앞은 무지갯빛 우산 세상이 펼쳐진다. 빛바랜 추억 속 아이들의 자리 대신, 엄마를 애타게 기다리는 또 다른 아이들이 발을 동동 구르고 있다.

세월이 내려앉은 물 빠진 고쟁이 바지는 눈을 감은 지 오래다. 이제는 흙 속에서 나를 바라보고 있을 엄마를 생각한다. 창밖 빗줄기가 거세게 내리친다. 눈물이 어룽어룽한 눈에, 눈 감은 고쟁이 바지 위로 그리움이 툭툭 내려앉는다.

고향에 묻다

 소진되지 않은 기억의 잔류에 실바람을 후우 불어 본다.

 덜커덩덜커덩 버스에 몸을 싣고, 구불구불 시골길을 달린다. 한참을 오르락내리락하며 다다른 곳. 버스 종착지에 내리면 낯익은 풍경이 들어온다. 바람 소리, 벌레 소리, 개울물 소리…. 정는 것들이 마을에 소복이 내려앉았다.

 삐거덕! 세월의 무늬가 낀 녹슨 철문을 열면 처마 밑 빈 제비집이 나를 반긴다. 따스한 햇살만이 툇마루의 풍경을 바꾸어 놓을 뿐 사람의 온기는 식은 지 오래다. 이제는 마을 곳곳에 주인 없는 집들만 자리를 지키고 있다. 마을에는 여전히 바람 소리, 벌레 소리가 살지만 엄마의 밥 짓는 소리는 희미한 기억 속에 존재할 뿐이다.

땅거미가 어둠을 끌고 가는 저녁이 되면 고향집은 더욱 고요해진다. 추억이 똬리를 틀고 앉아 있는 방에 형광등 불빛만 깜박깜박거린다. 방 안의 불을 모조리 끄고 컴컴한 이불 속에 몸을 담아도 엄마 모습이 깜박깜박 마음에 서린다. 잊은 듯 잊히지 않고 가신 듯 가시지 않은 그리움이 밤새 마음속에서 일렁인다.

냄새의 총량

 빨래 바구니에서 뒤집힌 신랑 옷더미를 집어 들었다. 꾸린 땀 냄새가 코를 찌른다. 어젯밤 땀범벅이 된 채 고단한 얼굴로 퇴근한 신랑의 모습이 꾸릿한 냄새 위로 어른거린다.

 냄새는 기억을 건드린다. 이내 같은 냄새가 피어오르는 그때의 그곳으로 나를 데려간다. 그 순간의 순간에는 눈물과 웃음도 섞여 있다. 어릴 적, 학교가 끝나면 나는 곧장 엄마를 찾아 나섰다. 구불구불한 길을 따라 밭으로 가는 건 나에겐 언제나 모험이었다. 내 키만 한 풀들을 헤집고, 이름 모를 벌레들과 사투 끝에 다다른 곳에는 그토록 찾았던 엄마가 있었다. 엄마는 허리를 구부리고 연신 호미질에 여념이 없다. 밭을 매는 호미 끝에서 흙먼지가 풀풀 날린다.

"힘들고만 뭣 하러 왔어. 집에 있지."

인기척 소리에 엄마는 구부렸던 허리를 편다. 창이 커다랗게 달린 꽃무늬 모자 위로 펄펄 끓어오르는 햇볕이 쏟아져 내렸다. 땀으로 샤워를 한 듯 엄마의 옷은 이미 다 젖어 있었다. 시큼한 땀 냄새가 흙먼지와 섞여 코를 콕 찌른다. "엄마 목 탈까 봐." 나는 애지중지 수건으로 돌돌 말아 온 얼음물을 엄마에게 건넸다. 그리고 얼음이 된 수건을 빨갛게 익은 엄마 얼굴에 가져다 댄다.

풋풋한 스물넷, 시골로 시집온 엄마는 흙과 함께 한평생을 보냈다. 넉넉하지 않은 살림살이에도 자식들만큼은 남부럽지 않게 교육시키고자 엄마는 힘든 농사일도 마다하지 않았다. 여름날 엄마의 손끝에서 무럭무럭 자란 푸른빛 밭은 자식들의 미래에 거름이 되어 주었다. 밭을 매는 엄마의 호미 날이 뭉툭해질수록 밭은 점점 더 푸르러졌다. 눈물은 뙤약볕을 불러왔고, 웃음은 바람을 불러왔다. 엄마의 체취는 눈물로 웃음으로 자식들의 마음에 배어들었다.

노을이 밭에 그림자를 드리울 때쯤이면 뻑뻑해진 허리를 펴고 그제야 엄마는 집에 갈 준비를 한다. 밭에 드리운 노을 위로 엄마의 고단한 하루가 너울거린다. 한 사람이 짊어지는 땀의 무게는 세월만큼 무겁기만 하다. 밭에서는 엄마의 땀 냄새가 사라졌지만, 마음에서 지울 수 없는 냄새는 그리움이 되어 다시 나의 삶에 파고든다. 삶에서 놓치지 말아야 할 게 있다면 그건 눈물과 웃음 속에 피어난 냄새가 아닐까.

오늘도 나는 세탁 바구니 속 빨래더미를 뒤집는다. 이내 꼬릿한 땀 냄새가 코끝에 달라붙었다. 거기엔 엄마가 하루를 지탱했던 냄새 대신 한 가장의 삶의 무게가 땀에 배어 있다.

낙엽이 남긴 말

 "쓰윽, 쓰윽" 밖에서 들려오는 가을 소리. 푸른색 어둠에 갇힌 고요가 낙엽을 쓰는 빗자루 소리에 흔들린다. 경비 아저씨는 매일 떨어진 낙엽을 쓸어 내기에 바쁘시다. 길 한쪽에 수북이 쌓인 낙엽을 보고 있으면 가을은 무수한 이야기가 쏟아져 내리는 것만 같다. 길을 걷다 주운 낙엽을 찬찬히 들여다본다. 가을은 농부에게는 한 해의 수확을 맺는 기쁨이고, 나무에는 이별을 준비하는 슬픔의 계절이다. 이처럼 누군가는 기쁨을, 또 다른 누군가에는 슬픔이 담긴 숱한 언어의 계절이 된다.

 나무는 가을이 되면 잎을 떠나보낼 준비를 시작한다. 여름부터 시나브로 스스로 눈물을 덜어 내며 잎에게서 정을 거둘 준비를 한다. 가지에 매달린 잎도 아는 건지 초록의 물기를 빼고 자신의 몸을 바람결에 말리며 떠날 준비를 한다. 세상에 영원한 건 없다 한다. 이렇듯 만남이 있으면 헤어짐이 찾아오는 건 당연한 이치이거늘 매번 맞는 이별에 나무는 가슴앓이를 한다. 떠나야 하는 잎은 슬픔에 눈물짓고, 보내야만 하는 나무는 아픔으로 매일 밤 부르르 몸을 떤다.

보내고 떠나는 일의 계절, 삶과 죽음도 어찌 보면 이와 같지 않을까. 11월은 내게는 수많은 이별을 감내했던 계절이다. 나무가 매해 맞는 이별에 익숙지 않은 것처럼 나도 매번 감당하는 이별이 어색하고 아프다. 한여름 푸릇푸릇했던 이파리가 울긋불긋한 옷으로 갈아입기 시작하면 나는 나무의 시간 속에 놓인다.

아빠는 알고 있었을까. 초록의 싱그러움을 잃어 가듯 아빠의 삶도 조금씩 시들어 가고 있다는 걸. 자신의 초록빛 색을 다 빼 낸 잎은 한없이 가벼워진 채로 나뭇가지에 옅은 생을 매단다. 종잇장처럼 가벼워질 대로 가벼워진 것처럼 아빠의 몸도 바짝 말라 갔다. 생기 없이 나뭇가지에 매달린 잎은 바람이 툭 건드리자 금세 땅으로 떨어진다. 11월, 바람이 허공을 휩쓸었던 어느 날 아빠는 한 잎으로 낙엽 졌다.

 오늘도 무수한 이야기가 쏟아져 내리는 가을 길을 걷는다. 어깨를 툭 스치고 낙엽이 발밑으로 떨어진다. 숨죽였던 그리움이 바람결을 타고 소리 없이 허공에서 나붓거린다.

시간의 결핍, 그리움이 채우다

 흐르는 시간을 붙잡을 수 없고, 지나간 것들도 돌이킬 수 없다. 그러고 보면 시간 앞에서는 잘난 사람도 못난 사람도 없다. 시간은 우리 모두에게 공평하다. 하지만, 우리는 왜 자꾸 되돌릴 수 없는 시간 앞에서 뒤를 돌아보는 걸까.

 누군가는 그 공간을 그리워하고, 누군가는 그 시간을 되돌리고 싶어 한다. 가끔 친구와 통화를 하면 친구는 "옛날엔 좋았었는데…."라며 과거 그때 그 시절을 회상하곤 한다. 친구가 움켜쥔 시간 속에는 돌아가신 아버지의 모습이 존재한다. 지금은 보고 싶어도 볼 수 없는 얼굴이기에 더욱 그 시간이 그립고 간절한가 보다. 나 역시 마찬가지다. 자꾸만 돌아보게 만드는 시간은 부모님의 부재에서 비롯된 그리움이다. 그리움 속 부재의 자리엔 결핍이 움트고 있다. 결핍은 나에게는 채워지지 않는 마음의 허기 같다. 항상 꾹꾹 눌러 담아 채워 놓은들 시간이 지나면 또 허기가 지니 말이다.

　나는 지나간 시간은 돌이킬 수 없다는 사실을 알게 된 후, 그리움이라는 기억을 마음속 서랍에 넣어 두기로 했다. 그리움은 살아가는 동안 수없이 기억을 건드리며 되살아나기를 반복한다. 허공을 둥둥 떠도는 기억은 마음속에서 정처 없이 떠다닌다. 그러면서 한때 소중했던 그 시간으로 나를 보내 준다. 그리움은 그렇게 나의 마음속 허기를 달래 주며 채워지지 않을 것만 같은 결핍에게도 견딜 수 있는 힘을 보태 준다. 그렇게 나는 오늘도 그리움의 힘으로 삶을 살아간다.

둘,

마음

감정의 분리수거

습관 다림질

뒷모습이 말을
걸어올 때

바른 자세

말도 인격을 입는다

감정을 포장하는 일

마음에 창문을 내다

거짓말의 상처

내 가방 속에
뭐가 들었니?

공(꽁)터

도둑 사냥

감정의 분리수거

 우리 아파트는 매주 화요일마다 분리수거를 한다. 그날은 일주일 동안 집 안 곳곳에 쌓였던 재활용품들이 모두 한곳에 모이는 날이다. 비닐, 종이, 병, 플라스틱, 스티로폼…. 마치 장렬히 순국한 애국지사처럼 제 할 일을 마치고 각자의 위치(분리수거 공간)로 껍데기 몸을 누인다.

 행여나 분리수거 날이 명절과 겹치기라도 하면 낭패다. 그 주 내내 집 안은 온통 여기저기서 아우성이 일어난다. 더욱이 한정된 공간 안에서 서로 뒤엉켜 치열한 자리다툼이 벌어지기까지 한다. 그렇게 수북이 쌓인 재활용품들을 보고 있자니 한숨이 절로 나오는 건 어쩔 수 없는 일이다.
 "어휴, 지저분해!"
 내가 할 수 있는 일이라곤 그저 분리수거하는 날이

돌아오길 기다리는 것뿐이다. 인내의 열매는 달다고 했던가. 기나긴 시간을 참은 보람은 꽤 크다. 깨끗하게 비워진 분리수거함을 보면 속이 뻥 뚫리는 기분이 들기 때문이다.

 우리는 살면서 일주일마다 분리수거가 필요한 것처럼 종종 감정의 분리수거가 필요함을 느낀다. 나를 괴롭히는 미움, 질투, 비교 등 생각이 들 때, 무언가 나를 잃어버린 것 같은 느낌을 지울 수 없을 때 우린 이 모든 감정들을 끌어안기보다는 덜어 내야 한다. 감정을 분리수거한다는 선 나를 지킨다는 의미이기도 하다. 그러니 분리수거하듯이 일주일 한 번씩 감정을 비워 내자. 짓눌린 부정의 감정으로 삶이 버거울수록, 내가 존재하지 않고 마지못해 끌려가는 삶이 힘겨울수록, 앞으로 우린 더욱 분리수거가 필요한지 모를 일이다.

습관 다림질

　새벽 5시. 어둠이 새벽 사이로 채 숨기도 전 허물을 벗듯 침대에서 미끄러져 나온다. 꿈과 현실의 어딘가를 오가며 반쯤 감긴 눈으로 거실에서 물 한 잔을 마신다. 그러곤 현실의 문을 열듯 입을 벌려 덴티스테 치약의 박하 향으로 아침의 문을 두드린다. 꿈의 세계에서 이탈한 나는 작은방에 파란색 매트를 펼친다. 펼쳐진 매트 위에는 밤새 잠들어 있던 몸속 근육들이 일어날 준비를 한다. 가끔 스트레칭이 끝나는 시간까지 잠이 덜 깨기도 하지만, 대부분의 날들은 기상 신호에 맞춰 눈을 뜬다.

　오롯이 나와 마주하는 지금이 좋다. 뜨끈한 커피 한 잔은 마음속 글 숲으로 나를 이끈다. 책상 위 스탠드 불빛 아래 piano bgm 선율이 커피 향에 취해 방 안 가득 춤을 춘다. 펼친 노트 위에도 커피 향이 펜 끝으로 또르르 흐른다. 커피가 반쯤 사라져 버리면 난 다시 마음속 글 숲으로 빠져든다.

누구나 매일 반복하는 자신만의 습관이 있을 것이다. 어떤 이는 눈을 뜨자마자 나처럼 스트레칭을 할 것이고, 또 어떤 이는 기지개를 켜면서 화장실로 직행할 것이다. 내가 꿈의 세계에서 깨어난 후 마음속 글 숲으로의 여행을 준비하듯, 어떤 일을 시작하기 전 자신만의 고유한 리듬이 있을 거다. 이렇게 하루를 깨운 습관은 물 흐르듯 나만의 속도로 일상을 채운다. 마치 새하얀 와이셔츠 목깃을 디리미로 꾹 눌러 각을 세우듯이 말이다.

하지만 365일이 매일 같지만은 않다. 살다 보면 예기치 못한 병마와 싸워야 할 때도 있고, 슬럼프라는 어둠 속 친구를 마주하는 날도 있다. 이런 날은 내 삶의 리듬이 와르르 허물어진다. 반듯하게 다려지지 않은 꾸깃꾸깃한 옷을 입고 하루를 보내면 어떤 기분인가? 좀체, 부풀었던 의욕이 푹 꺼져 버리듯 바람 빠진 풍선이 된 모양새로 하루 종일 보낼 게 뻔하다. 기분은 기분대로 축 늘어져 올라올 기미가 없을 것이다. 그런 날이 반복되고 쌓이다 보면 완벽하게 굴러갔던 일상(日常)은 영영 집을 못 찾아올 수도 있다. 어쩌면 삶에 백기 들고 포기를 선언하는 자신을 발견할 수도.

그래도 '괜찮다'.
제아무리 잘 다려진 옷이라도 다시 세탁하면 금세 구겨지기 마련이다. 그럼 다시 다려 펴 주면 그만이다.

삶이란 새벽의 시작과 밤의 끝을 되풀이하며 매일 반복된다. 지루할 만큼 반복되는 일상을 견뎌 낼 때 우리는 매일 한 뼘씩 성장한다. 만약 나의 삶이 구겨진 옷과 같다면 지금 습관에 다림질을 하길 바란다. 각을 세울 필요는 없다. 그저, 반듯하게 다려 펴 주기만 하면 된다.

뒷모습이 말을 걸어올 때

'그 사람의 가장 깊은 이야기는 대개 뒷모습에서 나온다.'

작년 미라클 모닝을 함께 했던 곳에서 '뒷모습 찍기 챌린지'를 했었다. 단순히 뒷모습만 찍는 게 아니라 어떤 것에 몰입하는 순간을 찍는 거였다. 살면서 우리들은 셀카를 찍더라도 앞모습만 찍는다. 친구와 단둘이 사진을 찍어도, 단체 사진을 찍어도 모두 앞모습뿐이다. 스스로 나의 뒷모습을 찍기는 힘들뿐더러 얼굴도 나오지 않는 뒷모습을 찍는 사람은 거의 없을 것이다. 그 당시 '뒷모습 찍기'는 나에겐 색다른 경험이었다.

누군가 찍어 주지 않는 한 나의 뒷모습은 스스로 찍을 수 없었다. 우선, 등 뒤쪽에 휴대폰을 고정시켰다. 그러곤 카메라 앵글 속에 내 뒷모습을 가두었다. 혼자

찍을 수 없으니 촬영 화면을 캡처하자는 나의 계산된 속셈이었다. 여러 번의 시도 끝에 꽤 괜찮은 사진 한 장을 건졌다. 그 당시 나는 결혼을 하면서 일을 그만둔 상태였다. 외벌이인 신랑에게 조금이나마 도움이 되고 싶었던 난, 공인중개사 자격증 시험 준비를 하고 있었다. 학창 시절에도 보지 못했던 공부하는 나의 뒷모습이라니. 그 모습이 몹시 궁금해졌다.

누군가 '앞모습보다는 뒷모습에 더 많은 이야기가 있다'고 했던가. 그 순간 나의 구부정한 어깨가 보였고, 뭔가 알 수 없는 뭉클함이 가슴을 툭 건드렸다. 또 다른 나와 처음 마주하는 순간이었다. 뒷모습에는 지난 젊은 내 모습도, 한 가정을 이룬 중년의 내 모습도 있었다. 또 다른 나는 수줍은 듯 뽀얀 내면의 속살을 고스란히 드러내 놓았다.

뒷모습은 거짓말할 수도, 꾸밀 수도 없다. 마치 투명한 거울에 자신을 비추듯 있는 모습 그대로를 내비친다. 그래서 소박하지만 애잔하고 진실되지만 비애가 서리어 있다. 그런 뒷모습에는 한 사람의 삶이 묻어난다. 세상 모든 뒷모습에는 각자의 이야기가 담겨 있다. 그 어느 곳에서도 꺼낼 수 없는 나만의 이야기 말이다.

어느 날, 문득 나의 뒷모습이 보인다면 그건 내면의 나를 깨닫는 순간일 것이다. 나는 소중한 존재이고, 우리 모두는 소중한 삶을 살아가고 있다는 걸 기억하자.

바른 자세

척추를 곧추세우고 가슴을 편다. 다리를 꼬거나 양반다리 자세도 금물이다. 반듯한 자세를 의식한 채 노트북 자판을 두드리기 시작한다. 글쓰기 작업이란 언제 끝날지 모르는 일이기에 장시간을 버티려면 바른 자세는 필수다.

나는 무언가에 집중할 때 나오는 버릇이 있다. 바로 거북 목이다. 거기에 삐죽 앞으로 내민 입 모양은 '덤'이다. 예전에 신랑이 집중하는 내 모습을 흉내 낸 적이 있었다. 신랑의 모습이 재밌어 깔깔대고 웃었더니 그게 나란다. 뭔가에 집중할 때마다 나오는 나만의 특유한 모습이었다. 특히, 일이 잘 풀리지 않을 때 이런 자세는 수시로 나타난다. 입 모양과 함께 말이다.

글쓰기의 세계로 빠져들면 곧 시간의 개념이 사라진

다. 방 안으로 길게 드리웠던 해의 그림자는 어느새 시간 속으로 어둠과 포개진다. 얼마만큼 시간이 흘렀을까. 무심코 창에 비친 구부정한 내 모습이 보인다. 구부정한 자세는 곧 통증으로 이어진다. 뻣뻣하게 굳은 어깨 근육과 목 근육은 이내 두통을 유발한다. 편두통을 달고 사는 나는 바른 자세를 유지하는 것이 무엇보다 중요했다. 자세가 흐트러졌다 싶으면 등을 꼿꼿이 세워 바르게 앉는다. 편두통과 자세가 연관이 있다는 의사의 이야기를 들은 후부터 나는 자세를 바로잡기 위해 무진 애를 썼다. 만약 의식하지 않았다간 자세는 금세 허물어지기 일쑤다. 자세가 흐트러졌음을 알아차렸을 땐 다시 등을 바로 펴고 몸을 긴장시켰다. 그렇게 하루 이틀, 한 달 두 달 노력하다 보니 어느새 자세가 달라져 있었다. 확실히 전보다는 자세가 수시로 무너지지 않았다.

바른 자세만큼 삶을 대하는 데 마음가짐 또한 중요하다. 세상을 바라보는 올바른 마음은 행복한 삶을 품을 수 있다. 부정적인 마음은 자칫 삶을 비관하기 십

상이다. 무너져 내린 마음은 우리의 삶을 흔든다. 희망도, 미래도 모든 것이 흔들린다. 자세가 무너져 내렸던 시절 불확실한 미래 앞에 매일 흔들리는 마음과 싸워야 했다. 친구들은 취업해 저만치 안정적인 길을 가는데 내 길은 흔들거리는 다리 위를 매일 걷는 기분이었다. 하지만 흔들림도 때로는 필요함을 깨닫는다. 흔들림 속에서 진정한 나를 발견할 수 있고, 새로운 어떤 깨달음을 얻을 수 있기 때문이다. 이런 시간들이 쌓이고 모이면 우리를 더욱 견고하고 단단한 사람으로 받쳐 줄 것임을 믿는다.

오늘도 나는 구부정한 몸을 의식적으로 다시 곧추세운다. 그리고 잠시 흔들렸던 마음도 바로잡아 본다.

말도 인격을 입는다

 사람의 말에는 시간이 산다. 말은 그 사람이 살아온 수많은 시간과 다양한 경험이 한데 어우러져 묻어난다. 입술을 뚫고 나온 말은 마치 살아 있는 생명체와 같다. 긍정의 옷을 입고 나온 말은 사람들에게 미소를 짓게 만든다. 반대로 부정의 생각을 담뿍 머금은 말은 사람들 속에서 침묵과 고립을 초래할 수도 있다. 그리고 부정의 말에 베인 상처는 눈에 보이지 않아 그 깊이를 가늠할 수 없고 치유도 힘들다.

 부정의 말은 불행의 씨앗과 같다. 부정의 기운을 품고 자란 말은 결국 상대방뿐 아니라 자신의 삶까지 불행하게 만든다.

 생각하고 싶지 않은 일이다. 아직도 그때를 떠올리면 온몸에 공포가 엄습하고 가슴은 방망이질을 해 댄다.

그에게 이별을 얘기한 날이었다. 그날 나는 차마 입에 담을 수도 없는 세상의 온갖 추악한 욕설은 다 들었다. 시간이 한참 지난 지금도 그때의 말들이 내 가슴속 깊은 상처로 남아 있으니 말이다. 그와 헤어짐을 결심한 결정적인 이유는 비관적인 그의 생각들이었다. 비관론과 염세적인 생각들로 똘똘 뭉쳐진 말은 매일 나의 하루를 부정으로 물들였다. 그가 심은 불행의 씨앗은 이내 마음속에서 싹을 틔웠다. 더 이상은 힘들었다. 버텨낼 자신이 없었다. 그에게 이별을 고했던 날 불행의 씨앗은 결국 떨어져 나갔다. 대신 그 자리엔 깊은 상처가 박혀 버렸다.

말에도 생성과 소멸이 있다고 한다. 나의 시간 속에서 자란 말은 내 입술을 통해 상대방의 가슴에서 소멸한다. 긍정의 말이면 좋을 테지만, 부정의 말에서 뻗어 나가 소멸된 자리에는 반드시 상흔이 남게 된다. 혹시 나도 모르는 사이 내 입술을 뚫고 나온 말이 상대방 가슴에 뾰족한 가시로 박히는 건은 아닌지 곰곰 생각해 본다. 조심해 봄직한 말이다.

감정을 포장하는 일

마트에 가기가 무섭다. 물가가 안 오른 게 없다. 과자 1봉지에 500원 했던 시절은 이젠 옛이야기다. 분명 어릴 적에는 천 원을 들고 슈퍼에 가면 과자 여러 봉지를 집었었다. 즐겨 먹던 꿀꽈배기도 이젠 천 원이 훌쩍 넘는다. 과자를 즐겨 먹지 않지만, 가끔 과자가 당길 때가 있다. 그날은 과자 코너에서 과자를 들었다 놨다 하며 몇 분을 서성였는지 모른다. '그래, 매일 먹는 것도 아닌데 그냥 먹자.' 결국 꿀꽈배기 한 봉지와 신랑 군것질거리 몇 개를 사 왔다.

집에 오자마자 빵빵한 과자 봉지를 뜯었다. 세상에나! 가득 담겨 있을 것 같던 내용물은 봉지의 반도 안 차 보였다. 옛날에는 이 정도까지는 아니었는데. 가격은 더 올리고 내용물은 더 줄인 건가. 소비자를 우롱하는 것도 아니고, 괜히 속았다는 생각까지 들자 기분이 언짢아졌다. 과자 봉지를 뜯기 전 겉모습은 마치 과자가 가득 담겨 있을 것 같은 기대감처럼 한껏 부풀어 보였다. 과자 가격이 만만치 않음에도 불구하고 나처럼 과자를 덥석 집었을 사람들이 꽤 있을 듯했다. 과자들도 마찬가지일 것이다. 요즘 살인적인 물가에 가장 찬밥 신세가 된 과자들 역시 자신들의 입지가 위태해졌음을 느꼈을 테다. 그러니 진열대 위에서 자신감을 얻기 위해 턱없이 부족한 용량은 숨긴 채, 제법 그럴싸한 포장술로 자신을 과대 포장 하고 있어야 했을 것이다.

우리도 살다 보면 과자 포장지처럼 자신의 모습을 포장해야 하는 순간이 찾아온다. 회사에서, 가족 내에서, 지인, 친구, 부부 사이에서, 어느 곳에서든 찾아오기 마련이다. 피곤하고 짜증이 올라올 때, 우울하고 화가 나더라도 직장에서나 상대방 앞에서 감정을 드러내서는 안 된다. 이런 불필요한 감정은 가슴속 깊이 묻어두고 아무 일도 없는 듯 밝은 표정으로 나를 포장해야 한다. 지금은 나이를 먹으면서 자연스레 감정 포장에 익숙해졌지만, 예전 사회 초년생일 때는 쉽지 않았다.

사회 초년생일 때, 나의 표정은 투명한 유리잔과 같

앉다. 상사에게 혼이 나거나, 속상한 일을 겪으면 고스란히 속의 감정이 그대로 표정에 드러났다. 오죽했으면 상사가 "명미 씨는 거짓말은 절대 못 하겠다."라며 이야기를 했을까. 혹여 걱정거리가 있는 날엔 하루 종일 나의 얼굴에 먹구름이 잔뜩 끼었다. 이런 나의 모습을 마주해야 하는 직장 사람들도 불편했을 것이다. 그때는 내 마음을 포장하는 일에 서툴러 감정을 감추지 못했고 그로 인해 마음의 상처도 많이 받았었다.

하지만, 사회 경험이 쌓이고 나이를 먹을수록 나의 감정을 포장하는 일도 익숙해졌다. 인간관계에서 적당한 감정 포장은 필요하다고 본다. 남을 속이기 위한 거짓된 포장지만 사용하지 않는다면 말이다. 어떠한 포장지를 사용하는가에 따라 상품의 질이 달라지듯, 마음도 어떻게 포장하느냐가 중요하다. 겉모습만 화려하게 포장하는 게 아닌, 마음을 포장하는 데도 질 좋은 포장지가 필요하다. 가장 중요한 건 나다움, 즉 나답게 포장하는 것이다. 그리고 진심과 배려라는 포장지를 마음의 포장지로 사용한다면 더없이 좋을 것이다.

거짓말의 상처

 말이란 또 하나의 얼이다. 말은 그 사람의 마음을 담아내는 그릇이다. 마음이 단단한 사람은 그 그릇이 넓고 튼튼하다. 어떠한 상황에서라도 모든 걸 포용할 수 있다. 반면 내면이 가난한 사람은 진실에 대한 목마름이 크다. 어쩌면 진실에 대한 동경일지 모른다. 진실에 대한 갈급은 바닷물과 같아서 먹어도 먹어도 목이 마를 뿐이다. 즉, 거짓말은 하면 할수록 그럴듯한 말을 계속 덧붙이지 않으면 금세 들통이 난다. 그 때문에 꼬리가 긴 설명이 필요하다.

 우리는 종종 비밀을 지키기 위해 거짓말을 하는 경우가 있다. 비밀은 관계를 위해, 사랑을 위해, 자존심을 지키기 위해 진실로 위장된다. 참말은 간결하고 투명하지만, 거짓말은 꼬리가 길고 군더더기가 많다. 아무리 진실로 위장했다 하더라도, 세상에 비밀이 없는 것처럼 꼬리가 긴 거짓말은 언제고 세상 밖으로 드러나게 된다.

  우리는 살다 보면 거짓말을 해야 하는 상황과 마주하게 된다. 나조차 생활 속에서 작은 거짓말을 한다. 분명한 건 거짓말은 나쁘다는 사실이다. 설령 잠깐 거짓말을 했더라도 그 꼬리를 바로 잘라 내고 진실을 말하면 괜찮다. 하지만, 잘못인 줄 알면서 멈추지 않고 거짓말을 붙여 간다면 그땐 걷잡을 수 없을 만큼 덩치를 키울 것이다. 때늦은 후회는 소용이 없다. 이미 날카로운 톱니바퀴가 되어 자신의 마음은 물론 상대방까지 진실에 상처를 입히고 있을 게 뻔하다.

마음에 창문을 내다

 배 속이 일렁일렁 움직인다. 가라앉아 있던 것들이 목구멍을 자꾸 치는 듯했다. 차멀미가 심한 나는 십여 분의 짧은 시간도 곤혹이다. 그래서 나는 버스를 타면 비가 오나 눈이 오나 앉자마자 창문을 연다. 순간 차가운 공기가 버스 안의 답답한 공기를 밀며 쑥 들어왔다. 속이 매스꺼웠던 게 한순간에 사라지는 기분이다. 버스에 창문이 없다면 나는 아마도 평생 버스를 탈 일은 없을 것이다.

 창문은 모양과 크기의 차이는 있지만, 한결같은 건 창문의 역할이 아닐까 생각해 본다. 창문은 벽이나 지붕, 자동차 등에 나 있다. 그곳으로 공기와 햇빛이 드나들 수 있고, 개폐도 가능하다. 열리지 않는 창문은 창문으로서 존재가치가 무의미하다. 내가 탄 버스에 창문이 있었어도 만약 열리지 않았다면, 나는 꾹꾹 참다가 결국 속에 있는 것들을 바닥에 다 게워 냈을 것이다.

　창문은 사물에만 창을 낼 수 있는 건 아니다. 우리는 마음에도 커다란 창문을 낼 수 있다. 사물에 낸 창들이 어금지금한 차이가 있듯, 사람의 마음에 낸 창도 여러 모양들로 자리한다. 누군가는 커다란 창으로 맑은 공기와 따스한 햇살이 종일 드나들 것이고, 누군가는 빛조차 들어오지 않아 종일 눅눅한 하루를 보낼 것이다. 그곳엔 빛도 공기도 활기도 없다. 오직 어두운 그림자만 있을 뿐이다. 행여 마음의 상처라도 나게 된다면 그 자리는 어둠이 스며들어 상처를 썩이고 마음에 병을 만들 것이다.

　하지만 마음의 창을 만드는 건 그 누구도 아닌 내가 만드는 것이다. 지금 내 마음은 어떠한가. 바람이 드나드는지, 햇빛이 찾아오는지 가만히 들여다보기 바란다. 만약, 축축하고 새카맣게 곰팡이가 피었다면 크게 창을 내 보는 건 어떨까. 창 밖에서 찬 공기가 한 번 더 들어온다.

내 가방 속에 뭐가 들었니?

'출근하기 전 자존심은 가방에 넣어 둬라.'라는 말이 있다. 살면서 누구나 한 번쯤은 들어 봤을 말이고, 경험도 했을 테다. 나 역시 직장 생활을 하면서 수시로 일어나는 감정에 '자존심 가방에 넣기'의 시기는 찾아왔다. 화가 난 상사로부터 막말을 들었을 때, 거래처 직원들에게 허리를 굽히며 일을 할 때 나의 자존심을 가방에 조용히 구겨 넣는다.

한편 자존심은 다루기 힘든 감정이기도 하다. 내가 가방에 넣고 싶어도 안 들어가는 날이 허다하고, 들어갔다가도 금세 밖으로 툭 튀어나오기 일쑤였다. 어느 날은 순둥순둥한 자존심도 사나운 맹수로 돌변하기도 한다. 상대에게 일방적으로 무시를 당하거나 나의 상처를 건드렸을 때 자존심은 날이 선 이빨을 드러내며 맹렬히 물어뜯었다. 하지만 성이 난 자존심이 할퀴고

간 곳은 참혹했다. 상대를 향해 달려들었던 날이 선 자존심은 결국은 나를 향했기 때문이다.

어디 자존심뿐이랴. 살다 보면 우리는 수없는 감정들과 마주한다. 행복하고 좋은 감정은 오히려 가방 밖으로 꺼내 세상에 풀어놓아야 한다. 반면 어둡고 상처를 줄 수 있는 감정은 가방 속 깊숙이 넣어야 한다. 날처럼 쉽지 않겠지만 이 둘의 감정을 다루는 노력은 세상을 살아가기 위해 필요조건임을 깨닫는다.

도둑 사냥

 첩자처럼 은밀하고, 킬러처럼 민첩하다. 어둠이 세상을 덮으면 너는 고양이 걸음으로 소리 없이 움직인다. 주인이 있든 없든 가리지 않는다. 눈이나 비에도 아랑곳없다. 너는 새벽이든 해 질 녘이든 가리지 않고, 어느 땐 밤이고 낮이고 구분도 않는다. 세상에 존재하는 값진 것들을 너의 손에 넣으려 한다. 너는 역지사지를 모르는 욕심쟁이 같다.

 도둑은 물건만 훔치는 건 아니다. 감언이설로 상대방의 마음도 훔치고, 그들이 피땀 흘려 얻은 노력의 대가도 훔치려 한다. 어디 그뿐이랴. 존엄성의 순수함까지도 너의 탐욕으로 흠집을 내려 한다. 옛말에 "남의 것을 탐하지 마라."라는 말이 있다. 살다 보면 나보다 잘난 사람을 볼 때 질투와 부러운 마음이 생기는 건 당연하다. 그렇다고 그들의 것을 훔쳐서는 안 된다. 쉽게 얻은 것은 손에서 쉽게 사라지는 법이다. 그들은 값진 것을 얻기 위해 배움의 피와 땀을 겸허하게 받아들였고, 노력에 대한 눈물을 귀중하게 여겼다. 단지 남들이 보지 않는 곳에서 수없이 실패하고 좌절하며 다시 일어서기를 반복했을 뿐이다. 그래서 그들의 것이 더욱 빛이 나는 거고 가치가 있는 거다. 남들이 탐할 만큼. 설령 너는 그것을 손에 얻었더라도 네 손에서 서서히 빛을 잃어 갈 것이다. 결국 네가 가진 건 진정성이 빠진 껍데기일 테니.

  이제 나는 너를 사냥한다. 너의 눈을 정면으로 응시하며 참됨을 앞세울 거다. 값진 것은 무한한 가치를 포함하기에. 그 가치 속에는 수없이 많은 희생이 짙게 배어 있기에. 이렇듯 희생은 존엄하며 깨끗하다. 그들을 위해 네가 빼앗아 간 모든 것을 되찾을 거다. 그러니 너는 잘못을 자각하고 훔친 모든 것을 내어놓기를 기도한다.

  오늘 밤 누군가는 훔친 것에 조소의 웃음을 짓고, 어

느 누군가는 잃은 것에 아픔의 눈물을 흘린다. 지금 누군가는 너의 뒤를 바짝 쫓는다. 도둑 잡는 사냥꾼처럼.

공(空)터

여름이 시나브로 사라지고 어느덧 낙엽이 쌓이기 시작했다. 햇살은 길게 기울어지더니 공터 모퉁이까지 들어와 엉덩이를 붙이곤 했다. 공터에는 아이들이 햇볕 속에 쭈그려 앉은 채 소꿉놀이를 하는 중이다. 아이들 덕분인지 공터는 적당한 온기를 간직하고 있었다.

빈 몸, 비워진 터. 공터의 공(空)은 '비다, 없다, 헛되다'의 의미를 담고 있다. 빌 공(空)의 한자 속뜻을 차례로 바라보면 깊은 산속에 위치한 사찰의 수도승이 오버랩된다. 속세와는 거리가 먼 공터는 수도승과 같다. 한때는 건축물이 가설되고 호황을 누릴 거라는 기대감으로 욕심을 세우고 살았을 공터일 테지만 지금은 수지 타산이 멀어져 건축물이 사라진 나대지일 뿐이다. 깊은 숲속 사찰에 바람과 햇살과 낙엽이 드나들듯 공터는 고요하기만 하다.

둘, 마음

도심 속 삶은 치열한 경쟁과 끝없는 탐욕, 약한 자는 도태되는 차갑고 냉정한 세상이 되었다. 그런 세상 속에서 손해 보지 않고 살아가려면 비워 내는 것보다 더 채우고 가지는 행동을 고수해야 하는지도 모를 일이다. 이런 삶에 지쳐 우리는 흔히 속세를 떠난다고 말한다. 수도승의 마음도 이와 같았을 테다. 이제는 경쟁으로 얻은 부와 명예가 덧없음을 깨달았을 것이다.

고즈넉한 사찰에서 느긋한 눈으로 자연을 바라보는 수도승을 바라본다. 그리고 내 마음을 들여다본다. 마음속 한편에 자리 잡은 공터. 그곳은 아직도 많은 것들이 채워져 있다. 두려움, 나약함, 절망, 시기, 질투, 비교의 감정이 서로 뒤엉켜 공터의 구석구석 헤집고 다닌다. 이제는 그것들을 끄집어내고 비워 내는 일을 해야 한다. 그게 나의 일이다. 세속을 떠나 사찰로 들어간 수도승처럼 나도 나의 길로 걸어가야 한다.

공터에 아이들이 햇볕 속에 쭈그려 앉듯 나도 활자 속에 웅크리고 앉는다. 어느덧 헤집던 감정들이 사라지고 친숙한 글자들이 다가와 나의 공터에 엉덩이를 붙인다. 따뜻해진 온기가 나를 다독거린다.

셋, 사랑

마음의 나라를 찾아서

오빠의 싼타모

먼지

어둠 속, 한 줄기 빛

마음의 버튼

미움이 찢겨 나간 자리

달력

거미줄과 떡집

부모를 닮은 손

솥뚜껑

마음의 나라를 찾아서

 가슴에 커다란 돌덩이 하나 얹어 있다. 이대로 있다가는 숨이 막힐 지경이다. 푸른 바다를 보면 숨통이 좀 트일까? 아니면 깊은 산속이라도 가 볼까? 일단, 어디든지 가자.
 "바람 좀 쐬고 올게."

 이렇게 마음이 답답할 땐 아무도 모르는 곳으로 훌쩍 여행을 떠나고 싶다. 나는 큰 돌덩이 하나 배낭처럼 걸치고 정처 없이 길을 나선다. 정해진 곳도 없다. 발길 닿는 대로 마음 가는 대로 그냥 갈 뿐이다.

 이미 떠나 버린 마음 되돌릴 수 없는 걸 나도 안다. 다신 안 돌아올 거라는 걸. 혹시나 하는 마음에 뒤를 돌아보지만 너의 멀어지는 뒷모습만 눈을 흐리게 만든다. 누구의 잘못도 아니다. 너는 너의 길을 가는 것일 뿐, 나도 나의 길을 가는 것일 뿐이다. 풋풋했던 20대 어느 날 우리의 사랑은 그렇게 끝났다.

 차창 밖 풍경이 내 뒤를 향해 달아난다. 창에 비친 내 모습도 우리 둘의 시간 속으로 희미해져 간다. 기차는 한 시간을 더 달려 한적한 어느 바다에 나만 남겨 놓고 떠났다. 가슴이 철렁 내려앉을 만큼 바다는 고요하고 잔잔했다. 하늘과 바다가 잇닿은 곳, 너와 나의 마음처럼 끝이 보이지 않자 울컥해진다. 남겨진 사람의 마음이 더 아플까. 아니면 떠나는 사람의 마음이 더 아플까. 붉게 물드는 바다가 어둠 속으로 잠길 때까지 서서 누구에게 하는 말인지도 모르게 혼자 중얼거린다.

 누구에게나 아름다운 시간은 있다. 너에게도 나에게도, 저 바다에게도, 갈매기에게도. 그 시간이 아름다워 기억하고, 추억하고 싶어, 그리고 손에서 놓치고 싶지 않아 우리는 각자의 마음속 나라에 둔다. 바다에 오면 가슴속 돌덩이 데려가 줄 거라고 믿었는데 결국 가슴에 다시 갇히고 만다.

여행은, 결코 사라지지 않는 순간의 순간만을 가슴속에 담는 것이다. 결국 추억이 머물 곳은 나의 마음뿐이며 내가 여행할 곳은 마음속 나라뿐이다.

오빠의 싼타모

 도로 옆 갓길, 낡은 차 한 대가 붉은 두 눈을 깜빡이며 애타게 누군가를 기다리고 있다. 언제 도색한 것일까. 벗겨진 페인트칠 틈으로 녹슨 흉터들이 보인다. 몸통은 너덜너덜해지고 빛도 바래 곧 폐차장에 들어서도 이상할 게 없는 자동차다. 바퀴의 상태도 매한가지다. 선명했던 무늬는 세월에 씻겨 나간 지 오래, 탄탄했던 타이어도 어느새 쭈글쭈글해진 피부처럼 변해 있었다. 그동안 머리 위에 이고 있던 세월이 힘겨웠던 것일까. 바퀴는 더 이상은 힘든 듯, 온몸에 바람이 다 빠져 깊은 숨을 푹푹 쉬며 땅에 눌어붙어 있었다.

 힘겹게 거친 숨을 몰아쉬는 바퀴는 쌩쌩했던 날을 추억하고 있는지 모르겠다. 단단했던 네발로 구불구불한 길, 곧게 뻗은 길 이곳저곳을 굴러다녔을 바퀴다. 무늬가 닳아 없어지는 동안 바퀴가 보냈을 수많은 세월이 보인다. 거친 길 위에서 덜커덩거리며 온몸으로 충격을 견디고, 한겨울 폭설엔 미끄러워 조심조심 건넜을 바퀴다. 어느 날은 날카로운 못에 찔려 고통을 참고, 여름 장맛비엔 온몸이 퉁퉁 붇기도 했으며, 한낮 펄펄 끓어오르는 아스팔트 길 위에서는 살갗이 바짝 타들어 갔을 테다.

그래도 누군가에게는 두 다리가 되어 지붕이 되고 편안함을 안겨 주었을 것이다. 자신의 온몸이 상처투성이가 되어 가는 것에도 전혀 아랑곳없이 말이다. 바닥에 푹 꺼져 껌처럼 달라붙은 타이어 옆에 누군가 쪼그려 앉아 있다. 오빠다.

오빠는 내게 늘 아빠 같았다. 대학 때 돌아가신 아빠 대신 오빠는 일찍 가장의 짐을 머리 위에 얹었다. 한창 꿈을 품고 자신의 삶을 살기도 부족했을 시기, 바퀴가 굴렀을 시간만큼 가족을 위해 숨 가쁘게 달렸을 오빠다. 자신보다는 동생들을 먼저 챙겼던 우리 오빠. 자신은 해지고 후줄근해진 옷으로도 만족해했고, 첫 자동차 역시 연식이 15년이나 된 낡은 중고차임에도 이거면 충분하다 말했던 오빠다. 희생만 하는 오빠에게도 자신의 삶이란 게 있기나 했을까. 그런 오빠를 생각하면 마음 한편이 시리도록 아려 온다.

　가로수 은행나무 아래 낡은 싼타모 한 대가 견인차에 지친 몸을 기댄다. 은행나무 그림자는 쪼그려 앉은 오빠 머리 위로 길게 그늘을 드리운다. 옆에서 한참을 낡은 싼타모와 씨름하던 기사는 포기한 듯 고개를 절레절레 젓는다. "어휴, 이놈. 오래도 버텼네요. 빵꾸가 문제가 아니네. 이젠 폐차하셔야 합니다." 그간 고단했는지 싼타모는 견인차에 몸을 맡긴 채 눈을 감고 있다. 힘겹게 깜빡이던 숨소리도 차츰 잦아든다. 오빠도 더 이상은 안 되겠다 싶었는지 힘없이 고개를 끄덕여 보였다.

　기사는 거의 폐차 수준의 산타모를 견인해 간다. 힘겹게 깜빡이던 점이 붉게 흔들리며 내 시야에서도 점점 멀어진다.

먼지

 청소기가 닿지 않은 후미진 곳에 먼지가 수북하다. 물티슈 한 장을 꺼내 손가락으로 닦아 본다. 내 손가락이 움직이는 대로 뽀얀 길이 생긴다. 시간의 그물망에 갇혀 있던 먼지가 풀려나는 순간이다.

 소진되지 않은 기억의 잔류는 실바람만 불어도 뿌연 먼지를 일으켰다. 기억 속을 헤집으며 이리저리 부유하다 언제든 내 속에 들어와 뿌옇게 자리를 잡는다. 과거의 시간 속에는 걱정과 분노, 후회와 자책으로 보냈던 날들이 먼지가 되어 손길이 닿지 않은 곳에 차곡차곡 쌓였다. 먼지로 뒤덮인 곳은 매캐한 먼지내가 풀풀 났다. 한탄만 흐르는 곳, 빛도 찾아오지 않은 곳, 열정은 시들고 희망도 멈춘다. 먼지를 볼 때마다 지난 절망의 시간이 먼지 속에 들어 있음을 생각하게 했다. 정체된 시간, 닦지 못한 먼지 자국, 그 속에는 나의 슬픔이 실타래처럼 엉켜 있다.

 닦아 내지 못한 묵직한 먼지를 떨어낸다. 먼지는 시간의 그물망에서 벗어나 온 방 안을 떠다닌다. 내 속에 갇혀 있던 먼지도 풀려나는 순간이다. 창밖에서 실바람이 밀려온다. 과거의 시간이 허공으로 흩어져 사라지는 순간이다.

어둠 속, 한 줄기 빛

 차갑다. 한여름인데도 병원 안에만 들어서면 한기에 놀라 온몸의 털들이 곤두서는 듯하다. 한참을 기다린 엘리베이터 안, 사람들의 표정이 싸늘하다. 그들의 차갑게 굳은 표정은 무언가를 힘껏 누르고 있는 것 같았다. 마치 언제 터져 나올지 모르는 슬픔과 두려움을 애써 틀어막으면서 말이다.

 병실 안으로 들어서면 차갑던 공기가 사뭇 달라진다. 좀 전까지 서늘하고 딱딱했던 표정은 허공으로 흩어진다. 대신 따뜻하고 부드러운 눈빛이 병실 안을 가득 메운다. 따뜻한 시선은 병실 가장 구석에 있는 창가 옆 침대로 이동한다. 각이 진 사각형의 침대 안에는 거북이 등껍질처럼 동그랗게 몸을 말고 누워 있는 모습이 보인다. 아빠다. 마치 통증과 두려움이 몸 밖으로 새어 나오는 걸 꼭 붙들기라도 하듯 온몸을 말아 움켜

쥐는 것 같다.

시나브로 기울어졌던 햇살이 병실 안까지 길게 그림자를 드리우기 시작한다. 일렁이는 햇살이 보호자와 환자의 볼을 타고 눈동자에서 출렁인다. 오늘도 아빠는 두려움과 싸우느라 힘이 빠졌나 보다. 짓눌렸던 통증은 아빠를 꿈나라로 보낸다. 힘없이 축 늘어진 아빠의 손등 위로 동글동글 햇살이 또르르 구른다. 톡톡 떨어지는 수액 방울이 햇볕에 반짝반짝 빛난다.

어느덧 병실에도 어둠이 내려앉는다. 복도도 사각형 침대도 환자와 보호자들도 컴컴한 어둠에 갇힌다. 나는 어둠 속에 앉아 아빠가 잠들 때까지 가만히 기다린다. 아빠의 힘겨운 숨소리가 잦아들면 나는 차갑고 컴컴한 복도를 지나 한 줄기 빛이 보이는 곳으로 향한다. 그곳은 보호자와 환자들을 위한 쉼의 공간이다. 누구나 축축한 마음을 말릴 수도 있고, 기도도 할 수 있는 장소다. 이곳은 늦은 저녁 시간이면 보호자들이 찾는 곳이기도 하다.

사방이 컴컴한 곳으로 채워진 공간. 그곳엔 나도 그들의 모습도 어둠이 삼킨다. 누구도 나를 볼 수 없다. 나는 마음 놓고 낮 동안 힘겹게 붙들고 있던 감정을 마음 밖으로 밀어낸다. 또르르 눈물 한 방울. 사각의 어둠 속에서 반짝반짝 빛줄기들이 떨어져 내린다. 뺨을 타고 흐르는 눈물은 내일을 버틸 힘이고 기적을 간절히 바라는 보호자들의 희망일 테다.

마음의 버튼

 예전에 '눈물 버튼'이라는 제목의 영상이 단체 톡 방에 올라왔다. 영상의 버튼을 클릭하면, 3분짜리 짧은 영상이 나온다. 내용은 이렇다. 젊은 사람은 눈을 가린 채 앞에 앉은 사람의 손을 잡아 감촉을 느끼는 거다. 예상대로 앞에 앉아 계신 분은 본인들의 부모님 손이다. 하지만, 눈을 가린 사람은 그 사람이 자신이 부모라는 사실을 전혀 모른다. 잠시 후, 손의 느낀 감촉을 인터뷰하는 내용이 이어진다. '거칠다', '고된 일을 하신 것 같다', '굳은살이 박였다' 등 여러 가지 대답들이 나온다. 그러고 나서 그 손의 주인공을 젊은 사람 앞에 앉게 한다. 두 사람 사이에는 잠시 정적이 흐르고 서로의 눈을 바라보며 누군가는 피식 웃기도 한다. 이내 두 사람의 눈엔 눈물이 주르륵 흐른다. 영상을 보는 나 역시 'on' 버튼이 작동되듯 뺨을 타고 눈물이 흐른다.

보통 버튼은 전기 장치에 전류를 끊거나 이어 주거나 하며 기기를 조작하는 장치를 말한다. 컴퓨터를 켤 때, 에어컨을 켤 때, 집에 들어오는 현관문 앞에서 우리들은 버튼을 누른다. '딸깍' 소리와 함께 꺼져 있던 숨을 깨우는 순간이다. 서로 무언가에 의해 단절되었던 것이 'on' 버튼으로 막힘없이 흐르게 된다. 그러다가도 'off' 버튼을 누르면 활발하게 흘렀던 전기는 순식간에 사라져 버린다. 곧 주변은 침묵이 흐르며 암흑으로 변한다.

나는 가끔 'on/off' 버튼이 내 마음속에도 있었으면 할 때가 있다. 제멋대로 작동하는 '감정'이라는 곳에 버튼을 올려놓고 싶어서다. 헤어진 연인에게는 '미련, 미움, 야속'한 감정이 흐르지 않도록 'off', 계속되는 실패로 인한 '좌절, 낙망'에는 희망의 불씨를 불어넣을 수 있도록 용기에 'on', 화가 날 때는 'off', 감사할 땐 계속 이어 갈 수 있도록 'on'. 이렇게 수시로 조절할 수 있는 'on/off' 버튼이 있으면 얼마나 좋을까.

'나도 나를 모르고, 내 마음속에는 수많은 내가 있다.'라는 노래 가사처럼 내 마음속에는 늘 고장 난 'on/off' 버튼이 깜빡거린다. 어느 날, 고장 난 'on/off' 버튼이 깜빡거리듯 나는 이런 엉뚱한 상상을 하며 가슴에 손을 얹어 본다.

미움이 찢겨 나간 자리

"좌아악, 좌악!" 도배사의 손에 의해 찢긴 벽지는 인정사정없이 바닥으로 떨어졌다. 새로 이사할 집의 인테리어 공사가 한창이다. 오늘은 도배를 하는 날이다. 내가 도착했을 때는 작업이 반쯤 마친 상태였다. 한때는 거칠고 차가운 시멘트벽을 감싸고 있을 벽지였을 테다. 가족의 온기와 추억들을 몸에 새겼을 벽지다. 삶의 희로애락이 펼쳐지고, 희망과 절망이 번갈아 덧입혔을 나날들을 몸에 새겼을 벽지다. 벽지는 집 안의 모든 추억을 함께 공유했을 것이다.

다른 한쪽의 벽지도 도배사의 손에 의해 떨어졌다. 바닥에 갈래갈래 찢긴 벽지를 바라보다 문득 나의 지난날들이 떠올랐다. 어둡고 외로웠던 나의 일상의 어느 날 웃음이 찾아왔다. 사랑하는 사람과의 하루하루는 그저 따스함만 가득했다. 환한 햇살이 온 집 안의 거실에 스미듯 행복이 몸속 깊숙이 들어왔다. 하지만 그 따듯함은 오래가지 못했다. 짧게 끝난 행복은 커다란 미움의 추상화를 벽에 그려 놓았다. 하얗던 벽지는 얼룩덜룩 때가 꼈고, 하루하루 원망의 눈물 자국으로 번져 나갔다. 배신으로 물든 벽지는 단단해진 미움이 되어 벽에 달라붙어 있었다. 빛조차 받아들이지 못하고 스스로를 거친 시멘트벽에 가두었다. 나를 떠난 그 사람이 불행하길 빌었다. 그러면서 나는 절망의 늪으로 천천히 걸어 들어갔다. 그 사람의 불행을 빌었지만 불행은 결국 나를 찾아왔다. 애증의 세월을 함께 실아온 그것들의 의미에서 그 미움의 대상이 상대가 아닌 나 자신을 향하고 있다는 걸 시간이 한참 지난 후에야 깨달았다. 나의 못난 모습에 실망하고 불신으로 얼룩진 나를 받아들이지 못한 것. 내가 나를 죽도록 미워하고 있었던 것이다.

 간신히 벽에 붙어 있던 마지막 벽지도 도배사의 손에 의해 떨어졌다. 수없이 덧발라졌을 미움과 원망이란 벽지가 쫙쫙 찢겨 나간다. 그리고 용서라는 하얀 벽지를 새로 도배한다. 햇볕은 변함없이 희망의 색을 벽에 비추었다. 환한 벽지는 눈이 부셨다. 나는 말끔하게 바뀐 새 집 안을 둘러보았다. 그리고 미움으로 얼룩졌던 나의 마음을 어루만지듯 용서의 새 옷으로 입은 벽을 쓰다듬어 보았다. 햇살을 품은 마음의 평온이 환한 벽지로 번져 나가는 것만 같다.

달력

 손바닥만 한 탁상 달력이 나를 측은한 눈길로 바라본다. 날짜 칸 밑 달리기로 채워져야 할 공간은 병원 방문 일정이 대신하고 있어서다. 보통은 세세한 일정들은 'PDS 다이어리'에 기록하지만, 굵직한 일정들은 서재 방에 있는 탁상 달력에 메모해 둔다. 그래야 한눈에 알아볼 수 있고, 앞으로 일어날 일도 예측해 볼 수 있기 때문이다. 어쩌면 중요한 일을 잊지 않기 위함이 맞겠다.

 한때는 달력 한 장이 귀한 시절도 있었다. 어릴 적 안방 벽에 붙어 있던, 한 묶음에 열두 달이 들어 있는 지역농협 달력이었다. 새해가 되면 아빠는 빳빳한 새 달력에 빨간 동그라미를 치고, 간단한 메모도 적어 둔다. 그러면 그 달력은 우리 집 기념일에 들어와 살았고, 앞으로 일어날 일에 대한 풍경도 떠오르게 해 줬다.

지나간 달력을 보고 있으면 기억의 방처럼 힘든 계절이 들락날락한다. 그곳엔 삶의 조각처럼 그리움과 아쉬움, 자책, 절망이 배회한다. 달력을 한 장씩 뜯어내면서 놓치고 싶지 않은 간절함도, 삶의 고비의 순간에 찾아든 고통의 한숨 소리도 남아 있다. 그리고 벗어나고 싶어도 끈질기게 달라붙은 상처의 흔적도 숫자마다 시간이 뚝뚝 떨어져 있다.

그럴 때마다 아쉬움이 크다. '꼭 성공했어야 했는데', '기필코 목표를 달성했어야 했는데'처럼 성공과 목표하지 못하고 흘려보낸 시간이 남아 있다. 이건 미련이 아니다. 왜 좀 더 즐겁게, 좀 더 행복하게 시간을 보내지 못했을까 하는 지난날들에 대한 자책이다. 지난날 달력 속 빨간 동그라미는 그대로인데 되돌릴 수 없는 나의 못 미더웠던 감정들은 어제의 일이 되고 말았다. 인생의 시간은 왕복이 없다. 날짜가 지난 달력은 더 이상 쓸모가 없듯 때를 놓친 감정들은 아쉬움과 후회로 덩그러니 남아 쓰레기만 될 뿐이다.

앞으로 남은 시간 아쉬움과 후회가 없는 날이 되었으면 좋겠다. 살다 보면 빨간 동그라미 안에는 슬픔, 괴로움, 비교, 분노가 달력 사이사이 들락날락하는 날도 분명 올 테다. 이제는 슬픔에 안타까워 마음 졸이지 말고, 괴로움과 분노에 몸부림치지 말며, 남들과 비교하며 나를 자책하지도 말자.

오늘도 서재 방 탁상 달력을 넘겨 본다. 앞으로 펼쳐질 일상들이 그려졌다. 그리고 한결 가벼워진 마음이 달력 속 숫자에 담긴다.

거미줄과 떡집

맑고 신선한 새벽 공기가 콧속으로 쑥 밀려온다. 비 온 후 공기는 마치 시원한 청량음료 같다. 새벽녘 집을 나선 발걸음이 톡톡 쏘는 탄산수처럼 가볍고 산뜻하다.

나는 새벽 공기를 가르며 앞뒤로 힘차게 팔을 휘젓고 하천 길을 걷는다. 순간 끈적끈적한 것이 팔에 달라붙었다. 거미줄이다. 나는 거미줄을 떼어 내며 주변을 둘러봤다. 풀숲 곳곳 엉기성기 지은 거미집이 보였다. 제법 튼실하게 집을 지어 놓은 거미줄엔 통통한 벌레 한 마리가 사로잡혀 있다. 집주인은 어디로 갔는지 보이지 않는다. 아마도 거미집이 튼튼하니 걱정 없이 밖으로 마실 나간 모양이다. 다시 다른 거미집이 눈에 띄었다. 나뭇가지로 엉기성기 엮어 겨우 비바람만 막아 내는 오두막 같았다. 먹잇감을 기다리는 가느다란 실 몇 가닥만 겨우 만들고, 새끼 거미 두 마리가 그곳을 지킨다. 그리고 언제 헐릴지 모른다는 생각에 어미 거미는 쉬지 않고 줄을 치는 듯 보였다. 옆집과는 확연히 비교가 된다. 바삐 움직이는 거미를 보고 있으니 까닭 모를 연민이 솟구친다. 통통한 벌레 한 마리 잡아 거미줄에 떡하니 걸어 주고 싶은 심정이다.

 작년 명절 시골에 내려갔을 때 신랑과 나는 곧장 시댁 떡집부터 들렀다. 명절 기간 시부모님께서는 거의 떡집에서 살다시피 하신다. 많지는 않지만 매년 단골들의 주문으로 떡집 일을 손에서 놓을 수 없기 때문이다. 이제 연세도 있고 힘든 떡집은 그만두시라고 몇 번을 말을 전했는지 모른다. 하지만 평생을 일을 하셨던 분들에겐 일거리가 없는 일상은 오히려 고통이라 말씀하셨다. 그러면서 소일거리로 하는 거니 괜찮으시다며 그렇게 매년 떡집을 이어 가신다.

 시장 초입부터 새로운 떡집이 눈에 띈다. 첫 집은 간판이 새것 같다. 그곳에는 젊은 사장이 연신 김이 모락모락 올라오는 떡을 나르고 있다. 진열대 위로 건물 높이만큼 쌓인 떡 상자가 즐비하게 늘어서 있다. 몇 걸음 더 가니 또 다른 새로운 떡집이 보인다. 이곳은 가족들이 하는 모양이다. 모두가 팔을 걷어붙이고 떡을 뽑고 있다. 팔팔한 떡 뽑는 기계도 가족들 틈 사이로 보인다. 가게 앞 진열대에 쌓여 있는 알록달록 떡들이 내게 와 보라고 손짓하는 것만 같다. 나는 유혹을 뿌리치고 다시 재빨리 발걸음을 옮긴다. 사람의 발길이 거의 닿지 않는 시장 안쪽으로 들어섰다. '○○ 떡집' 허름한 간판이 보인다. 우리 떡집이다. 해지고 낡은 흔적이 역력한 진열대가 눈에 띈다. 지난 세월을 말해 주듯 성한 곳 하나 없어 보인다. 지금 막 뽑았는지 진열된 떡판 위로 김이 모락모락 올라온다. 그곳엔 연로하신 시아버님이 힘겹게 떡판을 나르고 계셨다.

가게 입구에는 남루한 행색의 앉은뱅이 의자가 보였다. 등을 동그랗게 말고 계신 시어머님은 우리가 온지도 모르시나 보다. 잠시 후, 인기척 소리에 굽은 등을 펴며 우릴 보고 환하게 웃으신다. 문득 자식을 위해 평생을 일했을 모습에 가슴이 먹먹해진다. 우리들의 어머니들의 삶이리라. 자식을 위해 자신의 등이 굽는지도 모르게 허리 펼 새도 없이 일을 했던 세월 말이다. 나는 작아진 시어머님을 등 뒤에서 꼭 안아 드리고 싶었다. 시어머님의 고단한 삶이 굽은 등 뒤로 생생하게 전해지는 것만 같다.

  한때는 시댁의 떡집이 시장에서 단연 최고였다고 한다. 그리고 그때는 떡집이라곤 세 군데뿐이었다고 한다. 그러다 목 좋은 곳에 떡집들이 한두 집 생겨나면서 지금 시장에는 떡집만 열 곳이 넘게 들어서 있다. 대목인 녕설이면 목 좋은 곳에 위치한 떡집들부터 손님들이 북적이기 시작한다. 세련된 간판에 먹음직스러운 각양각색의 떡들은 지나가는 손님들의 눈길을 끌기에 충분했다. 집에 짐을 풀고 신랑과 나는 다시 떡집으로 향했다. 떡집 안에는 기력을 다한 찜기가 온 힘을 다해 김을 내뿜고 있었다. 단골손님들에게 줄 떡을 뽑기 위해 자신의 낡고 쇠약해진 몸으로 사력을 다하는 듯 보였다.

'치이익' 소리와 함께 뿌연 김이 눈앞에서 출렁거린다. 다시 거미줄을 바라본다. 거미줄 위에 송송히 맺힌 이슬이 얼핏 시어머님의 실 가래떡처럼 보였다. 그때 가느다랗게 이은 몇 가닥 실에 벌레 한 마리 걸렸다. 연신 줄을 뽑던 거미는 쏜살같이 먹잇감을 향해 튀어 오른다. 녀석, 집은 초라해도 가족들과 당분간 통통한 먹잇감으로 배불리 보낼 수 있겠구나 싶었다. 그러고 보니 열심히 실을 뽑아 이리저리 움직이더니 집도 제법 지어졌다. 어미 거미도 이곳에서 새끼들을 위해 제 몸을 다 내어주며 그 허물이 거미줄에 걸릴 때까지 실을 뽑을 것이다. 그리고 그 허물이 거미줄에 걸리면 지나는 바람이 어미 거미의 고단했던 삶을 따스하게 안아 주리라 믿는다.

부모를 닮은 손

 손은 정직하다. 얼굴처럼 화장으로 세월을 숨길 수도 없다. 고스란히 드러난다. 오랜 시간 살아온 자취가 오롯이 세월의 무늬로 새겨진다.
 손은 소통의 창구다. 세상과 교류를 위한 악수를 하며, 그들에게 응원과 찬사를 위한 박수를 보낸다. 때론 마음과 마음의 힘을 모으기 위해 손에 손을 잡는다. 그리고 세상 밖 어떤 힘을 간질히 비는 염원을 담는다.

 손이 담고 있는 의미는 다양하다. 그래서일까. 손 모양으로 만든 커다란 조형물을 전국 곳곳에서 볼 수 있다. 몇 년 전 언니, 조카와 함께 여수로 여행을 간 적이 있었다. 그곳에는 '마이다스 손'이라는 조형물이 있었다. 파란 하늘을 향해 뻗어 있는 손은 마치 신에게로 향한 어떤 염원을 구하는 듯 보였다. 조카가 손바닥 위에 올라섰다. 커다란 거인 손에 올라탄 소인 같다. 손은 험난한 세상에서 조카를 보호하고 안전하게 지켜 주는 부모처럼 보였다. 삶이라는 거친 바다 위에 떠 있는 손, 자식이 외부의 위험으로부터 차단하기 위해 자신의 몸으로 감싸안는 손. 해맑게 웃고 있는 조카의 표정이 평온해 보인다.

 하늘을 향해 뻗어 있는 저 손은 무엇을 꿈꾸는 걸까. 세찬 바닷바람에도 흔들림 없는 손에서 강인함이 느껴졌다. 이곳에서 손은 한여름의 폭우에도 쓰러지지 않고 혹독한 한겨울의 추위도 견뎌 냈을 테다. 그리고 비, 바람, 구름뿐만 아니라 누구든 어울릴 수 있도록 자신의 몸을 내어줬을 터. 새에겐 지친 날개를 접을 수 있는 쉼터가 되었을 것이다. 어찌 보면 손은 자식을 향한 부모의 마음 같기도 하다. 세찬 비바람을 견뎌 내는 인내심과 끈기를 깨우치는 손, 세상과 선을 긋고 단절하지 않는 손, 함께 교감하고 교류하면서 때론 손을 잡아 주고 박수 쳐 주는 손이기를 소망할 것이다. 그런 손이기를 두 손을 모아 염원하는 게 부모의 마음이 아닐는지 모른다.

솥뚜껑

 묵직하다. 뜨겁다고 촐싹대는 양은 냄비 뚜껑과는 비교도 안 된다. 이리저리 휘둘리지도 않은 채 입을 꾹 다문 모습에서 그의 성품이 드러난다. 아무리 뜨거워도 조용히 세찬 김을 내뿜을 뿐, 양은 냄비처럼 야단법석을 떨지 않는다. 그런 그의 모습이 우직하고 믿음직스럽다.

 어릴 적 할머니 댁 시골 앞마당에는 무쇠로 만든 가마솥이 있었다. 웬만한 성인 남자도 들 수 없을 정도로 무게가 상당했다. 아빠가 끙끙대며 뚜껑을 옮기는 모습을 종종 봤었다. 한번은 나도 뚜껑의 손잡이를 잡고 움직여 보려고 한 적이 있었다. 얼마나 무거우면 힘이 장사인 아빠도 저럴까 싶었다. 꿈쩍도 안 했다. 강력 접착제로 붙여 놓은 듯 전혀 미동도 하지 않았다.

어릴 때 시골에서 봤던 솥뚜껑은 이제 고깃집에서 흔히 찾아 볼 수 있다. 며칠 전 신랑과 함께 '솥뚜껑 삼겹살'을 먹으러 간 적이 있었다. 같은 무쇠 불판인데 솥뚜껑 모양에 고기를 구워 먹으면 더 맛있다. 그 이유는 모르겠다. 솥뚜껑은 제 몸을 서서히 달구면서 자신의 몸 위에 올려진 두툼한 삼겹살을 구워 낸다. 신랑도 솥뚜껑의 속도에 맞추어 이리 뒤집고 저리 뒤집으며 먹음직스러운 삼겹살을 굽기에 여념이 없다. 입을 꾹 다물고 우직하게 자신의 본분에 최선을 다하는 솥뚜껑이 마치 신랑의 성격과 닮아 보였다. 그리고 아빠의 모습이 오버랩되며 지글지글 익어 가는 삼겹살 위로 너울거렸다.

아빠는 항상 과묵하셨다. 일이 힘드셔도 몸이 아프셔도 꾹 다문 솥뚜껑처럼 내색을 하지 않으셨다. 암이 아빠의 온몸을 짓누르고 고통으로 휘감았지만 아빠는 늘 변함없는 솥뚜껑 같았다. 병실에 누워 계실 때에도 뜨거운 김이 빠지듯 아빠의 아픔은 그저 "끄응"의 짧은 고통의 소리만 낼 뿐이었다. 펄펄 끓는 가마솥의 열기를 담고 있을 때나, 차갑게 식은 모습의 솥뚜껑은 늘 한결같았다. 솥뚜껑처럼 아빠의 모습도, 신랑의 모습도 내게는 늘 변함없이 다정하고 따뜻했다.

 성격이 급하기도 한 나는 가끔 양은 냄비처럼 감정을 주체 못 해 주위 사람과 마찰을 일으킨 적이 있었다. 그럴 땐 시골집 앞마당에 우직하게 놓여 있는 솥뚜껑을 떠올린다. 양은 냄비처럼 감정에 쉽게 동요되어 화를 내거나 그릇된 말과 행동으로 상대방에게 상처를 입힌 적은 없는시 다시 지난날을 되돌아본다. 그러면서 마음속에 묵직한 솥뚜껑 하나 얹어 두고 살아야겠다고 다짐한다.

넷,
함께 또는 같이

누군가의 빛이 되는 삶

마음의 틈 하나

새치와의 공존

인생은 시소처럼

무지갯빛의 지혜

평생 친구

층간 소음

동그라미 일상

누군가의 빛이 되는 삶

 머리 위로 잿빛 하늘이 물들어 있다. 지금이라도 당장 구름장들이 비를 쏟아 낼 기세였다. '그래, 나가자.' 비는 일주일째 계속해서 내리는 중이다. 그리고 이틀 후, 마라톤 대회가 있다. 하지만 비가 계속 내리는 통에 그동안 난 연습을 제대로 하지 못했다. 기필코 오늘은 비를 맞더라도 꼭 나가야만 한다.

 나직이 내려앉은 구름장들은 공원에 짙은 그림자를 드리우고 있었다. 짙은 잿빛에 묻힌 듯 공원은 적막하기만 하다. 단지 길 따라 줄지어 핀 꽃들은 날씨에는 아랑곳하지 않은 듯 강렬한 빛을 뽐내고 있었다. 그 모습이 어찌나 빨갛고 예쁜지 달리는 발걸음을 멈춰 세웠다.

 잠시 후 지팡이를 짚고 나란히 걸어가는 노부부가

보였다. 그러더니 가던 길을 멈추고 길가에 핀 새빨간 꽃을 바라보는 게 아닌가. 가만 보니 한 분이 선글라스를 끼고 계셨다. "아니, 이런 날씨에 웬 선글라스?" 나는 의아해하며 노부부 행동을 가만히 지켜봤다. 할머니는 꽃을 바라보며 열심히 설명하는 듯 보였다. 그리고 선글라스를 낀 할아버지는 고개를 끄덕이며 할머니 소리에 집중했다. 잠시 후 할아버지 입술엔 옅은 미소가 번졌다. 그러곤 아기처럼 할머니 손을 꼭 잡고 더듬더듬 더딘 걸음을 옮긴다. 다른 한 손엔 지팡이를 의지한 채로 말이다.

노부부의 모습을 바라보는 가슴에 무언가 뜨거움이 번져 나갔다. 나는 다시 달렸다. 그리고 이런 생각이 들었다. '누군가와 함께 걷는다는 것은 그저 나란히 걷는 게 아니라, 서로가 보지 못하는 부분까지 이해하며 함께 마음을 나누며 서로의 발걸음을 맞추는 게 아닐까?'

마음의 틈 하나

 이른 주말 아침, 한적한 숲길을 걷는다. 째째짹 찌르르르 맑은 새소리 따라 나의 발걸음도 리듬을 탄다. 바람이 실어 나른 소리는 나뭇가지도 흔들흔들 어깨춤을 추게 한다. 소리는 이내 손끝으로 내려와 나풀나풀 너울댄다. 손으로 만지고 느낄 수 있는 나무의 숨결은 곧 생명의 기운이 된다. 하늘을 덮을 듯 두 팔 벌린 나뭇가지에 새들이 옹기종기 옹그리고 앉아 있다. 음표를 물은 새들이 해맑은 햇살 품은 오선지 위로 쏟아지듯 퍼덕인다.

 숲은 모든 것을 품고 모든 것을 내어준다. 온종일 들쑤시는 편두통이 있는 날, 생각의 꼬리잡기에 몹시 지친 날, 어디에도 털어 내지 못하고 가슴속 깊이 쌓아둔 날에도 나는 숲을 찾는다. 숲길을 걸으면 마음이 편안해지고 잡념도 사라진다. 지근거리는 두통도 조금씩 가라앉는다. 그러고 보면 숲은 살아 숨 쉬는 거대한 생명 같다.

 이른 아침 숲의 풍경은 싱그럽다. 숲의 모든 것들은 온몸의 감각들을 더 예민하게 만든다. 숲에는 언제부터였을지 모를 오래된 둥치 큰 나무들이 있다. 세월의 흔적은 나무 몸통 곳곳에 여러 가지 무늬를 새겨 놓는다. 나무껍질에는 주름이 깊게 팬 나무, 한쪽이 패여 속살을 훤히 드러낸 나무, 커다란 주머니 구멍을 안고 있는 나무 등 여러 모양대로 자리를 지키고 있다.

 그중 유독 눈에 띄는 나무 한 그루가 있었다. 나무 밑동에 아기 주먹만 한 구멍이 있는 나무였다. '이런 곳에 구멍이?' 구멍 모양도 특이했다. 누가 일부러 구멍을 낸 듯 작고 둥근 모양이었다. 문득 구멍 안이 궁금해졌다. 하지만 구멍이 하도 작은지 안은 온통 암흑천지였다. 그 순간, "짹짹" 작은 구멍 틈 사이로 희미한 소리가 새어 나왔다. 가만히 구멍에 귀를 기울이니 새소리였다. 얼른 주머니에서 핸드폰을 꺼내 플래시를 켜고 안쪽을 살며시 비춰 봤다. 세상에! 그곳엔 아기 새 3마리가 옹기종기 앉아 있는 게 아닌가. 내부는 평화롭고 포근한 느낌이었다. 마치 좁은 구멍은 외부의 위험으로부터 보호막이 되어 주는 듯 보였다. 어미 새에게는 이곳이 마음을 놓을 수 있는 여유의 틈일 것이다. 작고 연약한 생명에게 기꺼이 자신의 몸을 내어준 나무이다. 자신도 세월의 고된 흔적 속에서 홀로 외로웠을 나무다. 그럼에도 꿋꿋이 제자리를 지키며 작은 생명에게 곁을 내어준 고마운 나무다. 그런 나무를 숲은 또 엄마의 품처럼 안아 준다. 그 덕에 어미 새도 숨을 쉬고, 나도 숲길에서 숨통을 트이는지도 모른다.

어미 새에게 자신의 곁을 내어준 나무처럼, 우리들도 사람들과의 사이에서 마음속에 작은 틈 하나 들여놓고 사는 건 어떨까. 어느 날 누군가에게 엄마 품처럼 틈이 몹시 그리운 날이 있을 것이다. 그런 날, 나도 누군가에게 곁이 있는 사람이 되어 보는 것도 좋겠다.

새치와의 공존

"하나, 둘, 셋… 열 개. 엄마, 100원!"

어릴 적 엄마는 종종 내게 흰 머리카락을 뽑으라고 시키셨다. 흰 머리카락 한 가닥당 10원. 그 당시 아이스크림이 50원 했던 시절이었으니 5가닥만 뽑아도 아이스크림 하나를 사 먹을 수 있었다. 더욱이 흰머리 뽑기는 내게 식은 죽 먹기처럼 쉬웠다. 검정 밭에서 듬성듬성 나 있는 흰머리는 눈에 너무 잘 띄었기 때문이다. 나는 고사리 같은 손으로 이리저리 헤집으며 흰머리 찾기에 나선다. 목표물이 확인되면 족집게를 들고 흰색 밑동으로 달려간다. 그리고 온 신경을 집중해 쪽 뽑아낸다. 머리카락이 뿌리까지 딸려 나오면 그 쾌감을 이루 말할 수 없다. 가끔 머리카락 심지를 입술에 대 보기도 한다. 단순히 호기심이었다. 무슨 촉감일까 궁금했었다. 그런데 놀랍게도 차다. 입술에 닿는 촉감은 정말 차가웠다. 검정이 다수인 곳에서 이방인처럼 홀로 서 있는 흰머리는 어땠을까. 그곳에서 살아남기 위해 내면의 뿌리처럼 차갑고 냉정함을 유지해야 했을는지 모른다. 나는 잠시 엉뚱했던 그때를 떠올려 본다. 그리고 거울 속 나를 바라본다. 이마 양옆으로 흰머리가 듬성듬성 보인다.

엄마를 닮은 나는 새치가 20대 초반부터 생겼다. 대학 때 한 가닥씩 보였던 새치는 나이의 앞자리 숫자가 바뀜에 급속도로 늘었다. 40대, 지금 거울 앞에 서 있는 나는 그때의 엄마 모습이다. 희끔희끔 하얗게 보이는 머리카락의 밑동들이 그때의 엄마의 나이만큼 세월이 흘렀음을 말해 주는 듯하다. 어느새 하나둘씩 자신의 영역을 넓혀 가는 흰 머리카락을 볼 때면 세월 앞에 장사 없다는 말이 절로 생각나게 만든다. 흐르는 세월을 어떤 수단과 방법으로 거스를 수 없음을 알기에 검정 머리 속 하얀색의 개수가 늘어 갈수록 속상한 마음은 어쩔 수 없다. 흰 머리카락을 감추면 젊어질까 염색도 해 본다. 하지만 잠시 몇 개월의 젊음만 허락될 뿐

자연의 순리 앞에 머리칼은 스스로 무릎을 꿇는다. 그리고 자신 본연의 색인 순백의 빛깔을 내뿜는다.

 젊음을 되찾기 위한 나의 노력은 그다음 헬스장으로 이어진다. 매일 근력 운동과 유산소 운동을 함께 한다. 세월의 속도를 붙잡고자 오늘도 나는 피나는 노력을 해 본다. 하지만 중량 치기와 횟수는 나이 듦과 반비례로만 흐른다. 그렇다고 기죽을 건 없다. 나이에 맞게 운동량을 조절하면 그만일 뿐이다. 그리고 이내 '흰머리 있는 게 어때.'라며 대수롭지 않게 여긴다. 내 머리카락 속 검정 머리와 흰머리의 공존 같기도 하다.

 순리대로 흐르는 세월은 거스를 수 없다. 그저 흰머리도 미래의 나이고, 검정 머리도 과거의 나 자신이다. 검은색과 흰색이 한곳에 공존하듯, 젊음과 나이 듦도 내 안에서 함께 존재한다. 젊음의 열정과 연륜이 묻어나는 노련미처럼 한데 어우러진 삶이리라. 검정과 흰색이 공존하는 삶이 내게 주는 세월의 선물이라 마음에 새겨 본다.

인생은 시소처럼

　서로가 같은 위치에서 자리를 잡는다. 그리고 양 끝에 신랑과 나는 마주 보고 앉는다. 하지만 신랑이 앉자마자 나는 '부웅' 뜨며 하늘로 '부웅' 솟아오른다. 이런 모습이 재밌는지 신랑은 깔깔깔 웃음을 멈출 줄 모른다. 결혼 후 신랑과 나는 종종 아파트 단지 내 놀이터에서 시소를 타곤 했다. 신랑은 항상 바닥에 고정이었고, 하늘 위로 올라가는 건 항상 나였다. 신랑은 내가 있는 쪽으로 몸을 조금씩 움직이며 공중에 대롱대롱 매달린 나를 바닥으로 내린다. 어쩌다 무게 중심이 급하게 내 쪽으로 쏠리면 나는 '쿵' 하고 엉덩방아를 찧고 만다. 또 그 모습에 신랑은 깔깔깔 한바탕 웃는다.

　시소는 서로의 무게 중심을 조율해 가며 상대방을 공중으로 '부웅' 띄우기도 하고, 바닥으로 '쿵' 내려놓기도 한다. 무거운 사람이 가벼운 사람보다 좀 더 앞으로 옮겨 앉으면 (서로에 힘의 조율이 생겨) 시소는 비로소 쿵덕쿵덕 신나게 시소 놀이를 즐길 수 있다. 시소에 칸이 나누어져 있는 건 아마도 서로의 힘을 나누라는 뜻이 아닐까 생각해 본다. 보이지 않는 힘의 세계가 시소 위에 놓여 있는 것 같다.

 결혼 전, 신랑과 나의 연애는 시소 타기 같았다. 그때는 항상 바닥에 있는 사람은 신랑이 아닌 나였다. 나는 마음만 먹으면 신랑을 '쿵' 하고 바닥으로 내릴 수도, '부웅' 하고 하늘 위로 띄울 수도 있었다. 신랑은 갓 지은 밥처럼 내게 늘 따뜻하고 다정했다. 고집이 센 내게 무조건 다 맞춰 줬었다. 내가 싫어할 만한 행동은 하지 않았으니 우리 사이에 싸움도 없고 늘 한쪽으로 기울어진 시소처럼 심심하기도 했다.

 하지만, 한쪽으로만 기울어진 시소는 재미가 없다. 또한 좋다고만 할 수도 없다. 나에게만 맞추고 사는 신랑은 과연 행복할까? 어느 날 그런 생각이 스쳤다. 어느 한쪽으로 기울면 시소는 힘의 균형이 맞지 않아 갈

등이 생기기 마련이다. 싸움이 없을 것 같은 우리도 결국 다투는 일이 생겼다. 신랑은 그동안 참았던 울분을 토하며 내게 따지듯 화를 냈다. 예전의 나였으면 절대 지지 않고 고집을 부렸을 것이다. 그게 이기는 거라 믿었으니깐.

  어느 날 나는 힘겨루기가 부질없음을 깨달았다. 부부는 결국 서로에 대한 이해와 배려로 이루어져야 한다(부부 관계뿐 아니라 가족, 친구, 연인 관계 모두 마찬가지일 거다). 내가 좀 더 앞으로 옮겨 앉아 신랑과 무게를 맞추며 우리는 그렇게 배려와 이해, 그리고 서로에 대한 믿음의 관계를 쌓아 나갔다. 삶의 짐이 좀 더 무거운 사람이 앞으로 다가가 앉고, 감싸 줄 수 있는 사람이 물러나 앉으면서 시소는 평형을 유지해 나갔다. 무게는 중요하지 않다(충분히 조율할 수 있기 때문에). 단지, 서로 마음을 나눈다는 것이 중요할 뿐이다.

무지갯빛의 지혜

 비가 자주 내리던 어느 날, 신랑이 사진 한 장을 보내왔다. 무지개 사진이었다. 어릴 적엔 곧잘 봤던 무지개였다. 나이가 들수록 볼 일이 많지 않아서인지 신랑이 보내 준 사진 한 장은 하루 종일 나의 마음속 동산에 무지개를 띄웠다.

 빨주노초파남보 무지갯빛 색은 서로 조화로움과 어울림으로 둥그런 반원을 그리며 하늘에 떠 있다. 보면 볼수록 묘하며 신비롭다. 만약 한 가지 색으로만 표현된다면 이런 감동은 아마 느끼지 못할 게 분명하다. 어찌 보면 우리가 살아가는 세상도 무지개와 닮아 있지 않나 생각을 해 본다.

 알록달록 색깔처럼 우리 삶은 하루에도 변화무쌍한 일들이 펼쳐진다. 절대 한 가지의 색으로만 보내는 일은 없다. 숨이 턱까지 차오를 때까지 달리기를 하면 얼굴은 마치 빨간 홍당무처럼 변한다. 어느 날 장에 탈이 나기라도 하면 파란 하늘이 노랗게 보이기도 한다. 살다 보면 사물만 색깔로 표현되는 건 아니다. 마음속에도 무지갯빛 감정의 색깔이 숨어 있다. 사랑을 느낄 때, 삶에 활기를 느낄 때, 실패와 좌절의 감정을 느낄 때 가슴은 빨주노초파남보 색으로 물든다.

 그날 신랑이 보내 준 사진은 나의 마음을 빨갛게 물들였다. 하지만 신랑과 다툰 날에는 마음은 시퍼런 멍이 든 것처럼 남색으로 변한다. 그러다가 시퍼렇던 멍이 시간이 지나 보랏빛으로 변해 가슴을 짓누른다. 나는 화가 나면 입을 꾹 다무는 탓에 신랑과의 냉기류는 며칠씩 지속된다. 서로 다른 성격으로 만난 부부는 존중하고 배려하며 살아가야 탈이 없음을 알면서도 나의 똥고집으로 깨지기 일쑤였다. 부부라면 함께 행복한 일상을 지키기 위해 반원을 그린 무지개처럼 조화로움과 어우러져야 함을 깨닫는다. 사진 속 무지개가 알록달록 빛을 발하고 있다.

평생 친구

 10월 어느 날 오전, 집안일을 하고 있었다. "지이잉~" 문자 알림이 울린다. 결혼반지를 맞추었던 곳에서는 해마다 꼬박꼬박 결혼기념일마다 잊지 않고 축하 메시지를 보낸다. 그렇다. 오늘은 결혼기념일이다. 횟수로 치면 3번째다.

 우리 부부는 다른 부부와는 좀 특이한 점이 있다. 생일은 꼬박꼬박 챙겨도 결혼기념일만큼은 흐지부지 그냥 지나갔다. 핑계를 대자면 해마다 그럴 만한 이유가 있었다. 처음 맞은 결혼기념일 때 신랑은 갑작스러운 부고 소식에 지방으로 부랴부랴 갔던 기억이 떠오른다. 작년 결혼기념일 때는 신랑과 대판 싸웠다. 이틀 전 싸웠던 터라 우리 둘은 냉전 체제를 유지하고 있었다. 그때 당시 우리는 이사 갈 집 인테리어를 하고 있을 때였다. 입주 시기가 맞지 않아 집은 비어 있는 상태였는데 인테리어 대부분은 끝났고 방충망만 달면 끝이었다. 신랑은 방충망만큼은 본인이 굳이 달겠다고 했던 터라 회사 일만 끝나면 매일 출근 도장 찍듯 빈집으로 향했다. 신랑은 틈날 때마다 그곳에 들러 방충망을 설치하곤 했었다. 그날도 신랑은 밤늦도록 연락 한 통 없었다. '아무리 싸워도 결혼기념일은 함께해야 하는 거 아닌가?' 나는 참다 참다 신랑에게 전화를 걸었다. "어디야?" 설마설마했는데 어처구니가 없게도 신랑은 방충망을 달고 있었다. 그리고 오늘 3주년을 맞는 결혼기념일에 신랑은 집에 없다. 새벽 출근길, 신랑은 오늘 밤샘 작업을 해야 할 수도 있다 말한다. 역시나 연락 한 통 없다. 주얼리 가게의 축하 메시지만 울려 댈 뿐이다. 정작 주인공들은 쏙 빠진 결혼기념일인 채로 말이다.

신랑과 나는 지인 소개로 12년 전 소개팅으로 만나게 되었다. 이름만 소개팅일 뿐 지인네 커플과 신랑, 나 넷이 만나 먹고 마시며 즐겁게 노는 가벼운 자리였다. 내가 부담이 될까 봐 지인은 나에게 친구를 소개해 준다고 하고 불렀고, 신랑에게는 여자 친구를 소개해 준다고 하며 자리를 마련한 터였다(지인은 신랑과 나 양쪽 모두를 알고 있는 상태였다). 첫 느낌은 '꽝!'이었다. 평소에 내가 만나 왔던 스타일과는 거리가 상당히 멀었다. 하지만 성격만큼은 그 누구보다 착하고 성실해 보였다. 그렇게 우리는 어정쩡한 '친구' 관계가 되었다. 친구로 지내는 8년, 신랑은 한결같은 사람이었다. 그리고 3년 전, 우리는 친구 관계를 청산하고 결혼하기로 결심했다.

부부의 연은 하늘이 정해 준다는 말도 있다. 서로 각기 다른 삶을 살았던 부부가 한 몸으로 살아간다는 건 많은 배려와 희생을 요구한다. 친구였을 때에도 결혼 후에도 크게 다투지는 않았지만 작은 삐침은 몇 번 있었다. 간단한 일로 시작한 서운함이 커져서 나중에는 서로의 입에 무거운 자물쇠를 잠그고 등을 돌리는 지경까지 이르게 되기도 했었다.

반대로 가장 큰 원수가 만난 것이 부부라는 말도 있

다. 살다가 한 사람이 먼저 세상을 떠나는 일을 당한다면 함께 살아온 생활이 흔들릴 거다. 둘이서 하던 일을 혼자 하는 어려움도 있지만 열심히 미워하며 싸우던 상대를 잃은 허전함은 몹시 허망할 듯싶다. 가끔 나이가 많이 들었을 때 내 옆에 신랑이 없다면 어떨까? 하는 생각을 해 본다. 생각만 해도 가슴에 커다란 구멍으로 바람이 숭숭 들어오는 것만 같다. 쓸쓸하고 가슴 아프다.

사전에 '친구(親舊)'는 '가깝게 오랜 사귄 사람'으로 정의되어 있다. '친할 친'과 '예 구'가 결합한 단어, 친구. 신랑과 나는 친구로 만나 오래 함께 살면서 부부의 연으로 평생 친구로 지낼 것이다. 힘들 때 서로 도와주며 기쁠 때 함께 까르르 웃어 주는 친구. 그렇게 앞서거니 뒤서거니로 떠나게 되면 얼마나 행복한 인연일까. 밖에서 열심히 일하는 신랑이 더욱 보고 싶어지는 지금이다.

층간 소음

 어제저녁 설거지를 한창 하고 있을 때 초인종이 울렸다. 중년의 나이대로 보이는 아저씨는 인테리어 공사 문제로 각 집마다 동의서를 받고 계셨다. 어쩐지, 낮에 글을 쓰고 있는데 갑자기 귀를 찌를 듯한 드릴 소리가 났다. '몇 개월 전 위층 인테리어 공사는 끝이 났을 텐데 뭘 또 고치나?' 나는 예민해진 귀에 잔잔한 피아노 음악으로 덧입히며 생각했다. 이번엔 아래층이었다. 아마 어제는 잠깐 어떤 무언가를 테스트한 모양이었다.

 아파트에 살다 보면 층간 소음은 피할 수 없다. 인테리어 공사야 몇 주만 참으면 그만이지만, 층간 소음이란 이웃을 잘못 만나면 둘 중 한 집이 떠나야 끝나는 게임이다. 나도 지금껏 오래도록 아파트에 살았지만 층간 소음을 겪은 건 이전에 살았던 집이 처음이었다.

그것도 이사한 지 2년이나 지난 후에야 겪게 되었다.
어찌 보면 복받은 사람일 테지만 지옥 같던 두 달은 견
디기 힘들었다.

  재작년 여름 어느 날, 갑자기 조용하던 집 안이 진동
이 느껴질 정도로 요란스러웠다. 무언가를 바닥에 끄
는 쇳소리가 신경을 거슬리게 했다. 며칠 동안은 참았
다. 하지만 소리는 계속 이어졌고, 일정한 패턴도 없었
다. 이른 새벽, 낮, 밤, 휴일 가릴 것 없이 마구잡이로
들려왔다. 그사이 난 계단을 이용해 위층 문 앞까지 갔
다가 되돌아오기를 수없이 반복하며 수백 번을 참고,
또 참았다. "쿵. 쿵. 쿵." "드르륵. 드르륵. 쿵쿵 쿵." 그
날도 어김없이 소음이 온 집 안을 들었다 놨다 하며 요
동치고 있었다. 부글부글 끓고 있었던 내 속도 마치 찜
통이 "치이이" 소리를 내며 뜨거운 김을 내뿜는 것처
럼, 스팀으로 가득 찼던 머리 뚜껑이 열렸다. 이성은
이미 온데간데없이 사라졌고, 나의 행동은 거칠게 현
관문을 열고, 성큼성큼 계단을 올라가 위층의 초인종
을 누르고 있었다.

잠시 후, 할머니 한 분이 나오셨다. 현관 문틈으로 빼꼼히 보이는 거실은 난장판이었다. 뒤섞인 장난감 사이에 5살 정도로 보이는 꼬마 아이가 장난감과 뒤엉켜 놀고 있었다. "누구세요?" 할머니는 영문을 모르겠다는 표정으로 나를 바로 보며 입을 여셨다. "아래층에서 올라왔어요." 그간 있었던 소음의 고통을 말씀드리고 새벽이나 밤늦은 시간은 피해 달라고 부탁했다. 하지만, 할머니의 대답은 예상 밖이었다. "새댁, 나도 힘들어요. 우리 아들네가 일이 있어서 내가 두 달 맡아 주고 있는데 얼마나 힘든지 몰라. 나도 죽을 맛이야. 새댁이 좀 참아. 평생 있는 것도 아닌데…." 보통은 '미안하다'의 사과의 말이 먼저 나와야 하는 게 정상 아닌가? 더 이상은 말이 통하지 않을 것 같아 일단 집으로 내려왔다. 그래도 나의 말이 통했는지 며칠은 조심하는 듯한 느낌은 받았다. 하지만, 며칠뿐이었다.

세상이라는 거대한 동그라미 안에서는 혼자만 사는 것이 아니기에 서로 이해와 배려를 하며 살아가야 한다. 특히, 아파트처럼 벽 하나를 두고 사는 이웃과 이

옷에겐 더욱 필요한 마음이 배려와 존중이 아닐까. 비록 짧다면 짧고 길다면 긴 두 달의 고통의 시간이었지만, '위층 할머니의 사과의 말이 먼저 나왔다면 어땠을까. 참고 견디는 고통이 조금은 달지 않았을까.' 떠올리며 씁쓸한 미소가 지어졌다.

동그라미 일상

 창밖, 푸르스름한 새벽이 고개를 든다. 방 안에 잠들어 있던 어둠이 화들짝 놀라 사방으로 흐트러진다. 아직 어둠이 채 걷히지 않은 거실엔 정적만 가득하다. 네모난 매트에 몸을 풀며 남은 잠을 털어 낸다. 가스레인지에 누룽지를 올리고, 신랑 도시락에 사랑을 담는다. 아직 잠이 덜 깬 곳을 구석구석 청소기가 찾아다닌다. 네모난 공간 속, 네모 속에서 나의 하루는 시작된다.

 네모난 도시락 가방을 어깨에 걸치고 네모 모양의 현관문을 열면 네모진 엘리베이터가 있다. 엘리베이터 문이 열리자 몸을 싣고 내려가 다시 네모난 자동차에 몸을 구겨 넣는다. 신랑도 직장인들도 모두 다 네모난 세상 속으로 들어간다. 개인과 개인의 점이 모여 우리라는 선분의 관계를 맺으며 하루를 활기차게 움직인다. 네 개의 선분은 또 얽히고설켜 사각형의 세상을 만든다. 사람들은 그 속에서 서로 다른 생김새에도 불구하고 각자의 모양대로 네모 속에서 살아간다.

하지만 가만히 들여다보면 사각이 동그라미를, 동그라미가 사각을 품었다. 올록볼록 둥근 모양의 침대 매트리스는 네모난 침대보가 감싼다. 각진 가스레인지의 둥근 버튼을 돌려 둥근 그릇에 누룽지를 담고, 동글동글 모양을 낸 야채들을 볶아 네모난 도시락을 준비한다. 직각의 엘리베이터 문이 열리면 둥근 버튼으로 1층을 누른다. 신랑은 네모난 자동차 속 둥근 핸들을 움직여 네모난 세상으로 출발한다. 네 개의 선분이 면을 만들어 커다란 동그라미 일상을 그린다. 서로의 속도를 조절하며 굴러가는 하루는 네모 세상에 둥그런 발자국을 남긴다.

각이 진 네모를 동글동글 동그라미가 품고, 둥근 공간에 네모난 개성들이 조화를 이루며 굴러간다. 하루는 그저 해가 뜨고 어둠이 찾아오는 게 아닌, 서로 다른 생각과 가치관의 차이를 이해하고 존중하는 진정한 마음들이 서로 맞닿아 완성되는 동그라미 같은 것이다.

 비록 울퉁불퉁한 동그라미일지라도 서로에게 마모되어 끊임없이 흐르는 게 인생이 아닐까 생각해 본다.

다섯,
삶의 이정표

커피, 당신의 취향은?

숫자에 갇히다

일상 속 휴가 채우기

사진의 가치,
그 찰나의 본질

오해의 시간 속
이해의 자리

몽돌의 시간

바람이 분다

눈물 가두기

명절의 고속도로

진짜 그림자

옥상 정원

해우소 이야기

슬프고 그리운 정

나의 등대

스스로 도는 풍차

커피, 당신의 취향은?

"또르르르, 덜컹."

어스름 가로등 불빛 아래 졸음을 쫓아 줄 차가운 캔 커피 하나가 자판기에서 굴러떨어진다. 딸깍. 경쾌한 캔 뚜껑 따는 소리에 정신이 번쩍 들었다. 레쓰비 마일드 캔 커피. 대학교 1학년 중간고사 기간 처음 마셨던 커피다. 20살의 커피는 졸린 눈을 번쩍 띄게 한 신통한 묘약 같은 거였다. 집중이 필요할 때, 졸음이 쏟아질 때, 긴장을 풀어 줄 때도 나는 커피를 마신다. 커피를 마시면 내 몸은 마법에 걸린 듯 모든 게 사라졌다. 나의 커피 사랑은 그렇게 시작되었다.

사실 나는 커피 맛은 잘 모른다. 에스프레소를 즐겨 마시는 사람은 커피의 맛을 제대로 알고 있을지 모르지만 내게 에스프레소는 그저 쓰디쓰다. 아무리 커피 사랑에 빠진 나지만 에스프레소만큼은 무척 마시기 힘든 커피다. 나의 커피 사랑은 성장하는 어린이처럼 세월에 따라 좋아하는 취향도 변해 갔다. 갓 스무 살엔 달달한 커피 맛을 선호했다. 그중 생크림을 듬뿍 올린 카페모카는 단연 최고였다. 호기심 많고 열정 가득했던 스무 살, 감정 변화도 수시로 찾아왔다. 뭐 하나 확실한 미래가 없었기에 늘 배고팠다. 그럴 땐 카페모카 한 잔이면 배고픔도 잊을 수 있다. 칼로리를 생각하면 선뜻 손이 가지 않는 커피지만 그 당시 내겐 둘도 없는 소울메이트 같은 존재였다.

그러다 사회생활을 하면서 나의 커피 사랑은 라테로 옮겨 갔다. 카페모카나 캐러멜마키아토는 마실 땐 세상 달콤하지만 마신 후 입안에 텁텁함이 남아 있기에 좀 더 깔끔한 맛이 필요했다. 그게 라테다. 라테는 달달한 맛을 유지하면서도 깔끔함이 오래간다. 내가 카페모카나 캐러멜마키아토를 더 이상 마시지 않는 이유이기도 하다.

그래도 입안의 깔끔함으로 치면 아메리카노를 빼놓

을 수 없다. 라테가 부담스러운 날엔 개운한 맛인 아메리카노가 당긴다. 직장 생활에 지친 몸과 마음을 달래 줄 때, 풀리지 않은 고민거리로 머리가 복잡할 때, 미래에 대한 불안감이 찾아올 때도 난 라테보다는 아메리카노를 마신다. 세상 안에서 꿋꿋이 살아가려면 커피와 우유가 섞인 우유부단함보다 때론 신선한 크레마를 띄운 올곧은 신념이 필요해서인지 모른다.

그럼에도 불구하고 오늘은 라테가 당긴다. 누군가에게 위로받고 싶은 날, 차갑고 강한 아메리카노보다는 마음을 보듬어 줄 수 있는 따뜻하고 부드러운 라테가 내게 필요하다. 부드러운 라테 한 모금이 촉촉이 마음에 번져 나간다.

일상 속 휴가 채우기

AM 4:50. 알람이 요란하게 울린다. "띠띠띠띠", "띠띠띠띠" 시끄럽게 울려 대는 알람음이 고요한 방 안 어둠을 밀어 낸다. 이젠 그만 꿈나라에서 돌아오라고 나를 깨운다. 길게 기지개를 켜며 하품을 늘어지게 한다. 기지개 켜기는 하루를 알리는 나의 몸 신호다. 째깍째깍 초침 소리와 함께 나의 하루도 시작된다.

새벽부터 일터로 향하는 직장인들의 삶도 바쁘기는 매한가지일 터, 나의 하루도 매일 빠르게 흐르기만 한다. 나는 오늘도 할 일이 많다. 아내로서의 삶, 친구로서의 삶, 며느리로서의 삶, 작가로서의 삶 등 각기 다른 나의 자리에서 하루의 시간을 쪼개며 살아간다.

한 시간 남짓 오롯이 나를 위한 시간을 보낸 후, 새벽 여섯 시. 이젠 아내로의 삶을 위해 부엌으로 향한다. 요즘 부쩍 일이 많아진 신랑은 새벽부터 밤까지 숨 쉴 틈 없이 일을 한다. 나는 오늘도 도시락을 싸고, 양은 냄비에 누룽지 한 그릇을 한소끔 끓인다. 고소한 누룽지 냄새가 집 안 곳곳에 퍼져 나가 신랑 콧구멍으로 쏙 들어간다. 벌름벌름 움직이는 신랑의 콧구멍이 보인다. 신랑도 꿈속 달콤한 휴가를 마치고 잠에서 깰 채비를 한다. 신랑은 졸린 눈을 비비며 식탁 의자에 앉아 하루를 지탱해 줄 뜨끈한 사랑을 먹는다. 그리고 또 다른 사랑(네모난 도시락)을 어깨에 메고 일터로 향한다.

아내의 삶은 여전히 계속된다. 흐트러진 침구를 정리하며 나의 마음도 단정하게 정돈해 본다. 말끔히 정돈된 머릿속은 차분히 하루를 시작하는 데 도움이 된다. 늦잠을 자 허둥지둥 시작되는 하루와는 분명 다르다. 적어도 예측이 가능한 하루임을 의미한다. 그리고 거실에서는 시계 초침이 일상을 수놓은 소리로 하루를 채우듯 흐르고 친구, 며느리로서의 나의 삶도 촘촘히 하루하루 채워 나간다.

휴가는 쉼을 전제로 한다. 대표적인 휴가는 일 년 중에 여름휴가가 아닐까. 꿀맛 같은 여름휴가를 위해 직장인들은 기계적이고 반복된 삶을 견디고 버텨 낸다. 그렇다고 비행기를 타고, 자동차를 타고 낯선 곳으로 떠나야만 휴가는 아니다. 휴가는 일상 속에서도 충분히 만끽할 수 있다. 하루를 바라보는 시선을 어디에 두냐에 따라 하루의 의미는 달라진다고 본다. 누군가에게 하루는 새로울 것 없는 그저 그런 일상이 되고, 또 다른 누군가에게는 보이지 않던 숨어 있는 일상의 의미를 찾게 될 테다. 글쓰기가 그렇다. 나에게 글쓰기는 나만의 휴가를 떠나는 시간이다. 매일 새로운 풍경으로 떠나는 쉼이자 회복의 시간이다. 새로운 눈으로 바라본 일상, 그 평범함 속에 숨어 있는 보물들을 나는 매일 찾는다.

 신랑의 하루도 지루한 반복이다. 육체의 고단함이 함께하는 시간 속에 아직 온기가 채 가시지 않은 도시락이 있다. 비록 10분 정도의 짧은 시간이지만 신랑에게는 고된 몸을 누일 수 있는 잠깐의 쉼, 회복의 휴가일 것이다. 그리고 사랑 한 그릇에 흐뭇한 미소를 지을 신랑의 얼굴을 떠올려 본다. 방긋 웃는 신랑의 모습 뒤로 시계 초침이 바삐 움직인다. 째깍째깍 수놓은 하루에 꽃이 피고 나비가 날아들기 시작했다.

숫자에 갇히다

 째깍째깍 시계 초침이 일정한 간격으로 움직인다. 시계의 작은 바늘이 숫자 '8'에 멈춘다. 신랑은 출근하며 나에게 고지서 한 장을 보여 준다. 관리비 영수증 안에는 이달에 쓴 금액들이 여러 가지 숫자들로 고지서 안을 빼곡히 메우고 있다.

 숫자는 명확하고 선명하다. 그리고 정직하다. 남녀노소는 물론, 모두에게 공평하다. 때론 우리들이 해야 할 일들을 구분 짓고, 하루의 양을 정해 주며, 내일을 예측하며 계획을 세울 수 있게 도와준다. 그런 면에서 다이어리는 매우 유용하다. 다이어리 안에는 그날의 일정이 시간대별로 적혀 있다. 오늘 계획한 일들을 소화할 수 있고 내일의 일정을 예측할 수 있다. 24시간이란 누구에게나 공평하게 주어지는 시간이다. 알차게 보낸 시간은 정직한 결과로 답을 준다. 그리고 처음 무언가를 시작하는 사람들에게는 지침서가 되어 주기도 한다. 예를 들면, 초보 주부인 내가 요리를 처음 시작할 때 레시피에 적힌 숫자로 양념의 양을 가늠하듯 말이다. 초보 요리사임에도 불구하고 맛이 싱겁거나 짜지 않은 건 숫자의 힘이 아닐까 생각한다. 이렇듯 숫자는 우리의 삶에 편리함을 주면서 과용으로 인한 과욕을 부리지 않도록 선을 지켜 주기도 한다.

하지만, 숫자인 너의 성품을 탓하는 이도 있다. 자로 재듯 칼같이 자르는 걸 싫어하고, 1과 2, 또는 위아래의 구분으로 차별을 받는 것을 거부한다. 내가 10을 했을 때 상대방에게 10을 받고자 하는 자로 잰 듯 마음 씀씀이라든지, 1등급 2등급으로 성적을 나눠 대학을 구분 짓는 행위 말이다. 은행에서 금액에 따라 일반과 vip로 나누어지는 일 등 이런 것들로 너에게 공격당하면 자존감과 자신감은 쪼그라들고 만다. 또한 무자비하게 휘두르는 너의 횡포에 끝내 버티지 못하고 생명을 놓는 이들도 있다. 인생 한 방과 너를 두고 내기를 하며 크게 패하고 나서 재기할 기회를 잃기도 한다. 그리고 오판한 너를 벗어나지 못하는 이들은 끝없이 추락한다. 허상으로 뭉쳐진 너는 순식간에 그들을 삼켜 버린다. 지혜롭지 못한 선택을 한 이들은 어리석은 일을 되풀이하며 너에게 목을 매기도 한다.

그렇다고 너를 막을 수도 없는 노릇이다. 다만, 너의 참모습을 알면 삶은 더 다채로워질 수 있다. 목표의 양이 3% 부족할 땐 더 채우기 위해 노력하고, 꿈의 가속 구간에서는 100℃까지 열정을 불태우는 일. 그러다가 쉼이 필요할 때는 24시간이라는 텀을 두고 휴식을 취해 보는 거다. 네가 없다면 삶은 긴장도 생각도 겸손도 필요 없어진다. 너의 모호한 경계는 나태함을 낳고 위아래가 없는 생각은 교만으로 치솟을 것이다. 하루는 생기가 없는 무채색의 세상일 테다. 또 다른 하루는 더 이상 깊이가 없는 삶이 될 것이다.

오늘도 누군가는 너의 다른 모습을 보고 자신의 운을 논하며 삶을 배팅한다. 또 다른 누군가는 네가 가진 진정한 힘을 발견하고 삶을 성장시킨다. 숫자에 갇힌 세상. 너는 허(虛)를 앞세운 채 거침없이 나에게 다가온다. 실(實)은 진실이라는 껍데기로 싸인 채로 말이다.

사진의 가치, 그 찰나의 본질

"사진의 가치는 보이는 것이 보이지 않는 것을 불러내는 데에 있다." 영국의 작가인 존 버거의 말이다. 이 짧은 문장이 한동안 생각을 머물게 했다. 나는 사진이란 순간의 흔적을 남기는 것이라 생각했다. 물론 어린 시절의 사진을 보고 있으면 그때의 기억이 어렴풋이 떠오르기도 한다. 이렇듯 사진은 그때의 추억, 기억 정도를 시각화하여 담아내 현재 내가 유추해 낼 수 있는 것쯤으로 여겼다. 하지만 글을 쓰기 시작하면서 텍스트라는 것도 어쩌면 사진과 같지 않을까 하는 생각이 들었다.

이사하기 전 방을 정리하다 오래된 일기장 하나를 발견한 적이 있었다. 손으로 꾹꾹 눌러쓴 기록은 그 당시 불안했던 나를 떠올리게 했다. 일기장 안에는 연애편지도 함께 들어 있었다. 나는 남자 친구와 헤어지고 나면 그와 관련된 것들은 모조리 없앤다. 좋게 헤어졌든 나쁘게 헤어졌든 흔적을 지우는 게 떠난 사람에 대한 예의라 생각했기 때문이다. 하지만 어찌 된 건지 20살 때 처음 사귄 남자 친구의 편지는 몇 장이 남아 있었다. 그 당시에 발견했다면 당장 쓰레기통에 갈기갈기 찢어 버렸을 텐데, 중년이 된 지금 꼬깃꼬깃해진 연애편지를 차마 버릴 수가 없었다. 오래된 사진을 간직하듯 나는 일기장 옆에 편지도 고대로 놓아두었다.

나의 감정을 들키고 싶지 않았고 나조차도 못 미더운 시절 썼던 일기장이다. 한때는 나를 아프게 했던 첫사랑의 연애편지이기도 하다. 내가 지금껏 버리지 못했던 건 그것만이 유일하게 기억을 환기시키고 시간을 뛰어넘어 지난날들을 불러내기 때문이다. 기억이라는 것은 시간이 지나면 바람에 바위가 깎여 나가듯 사라지게 된다. 지금에 와서 생각해 보면 그때의 그 시간에게 난 감사하다. 그때의 내가 잘 견뎌 줬기에 지금의 단단한 내가 되어 세상을 잘 살아 내고 있는 게 아닐까.

이제는 수필을 쓰면서 평범한 일상을 펜 끝으로 찍는다. 사진으로 남겨 두지 않으면 그 시간, 기억은 영영 과거 속에 갇힌다. 일상의 기록도 마찬가지다. 기록하지 않으면 지금의 순간도 공기 속에 소멸할 것이다. 우리가 매일 맞이하는 아침은 언제나 똑같은 아침일 뿐일지도 모른다. 너무나도 단순하고 평범한 일상은 지금도 우리 곁을 지나가고 있는 중이다. 그리고 이렇게 그냥 스쳐 가는 것들은 일상에 무수히 존재한다. 내가 일상을 면밀히 관찰하지 않으면 삶의 본질, 즉 가치를 깨닫지 못한다. 일상 속 숨은 보석을 캐내 듯, 특별한 하루를 보내기 위해 나는 심안과 혜안을 넓히려는 노력을 게을리 해서는 안 될 터이다. 쉽지 않다. 어쩌면 가장 어려운 일일는지 모른다. 그럼에도 불구하고 나는 그저 스쳐 가는 일상을 펜 끝에 잡기 위해 오늘도 부단히 노력하고 애쓴다.

오해의 시간 속 이해의 자리

 결혼 전 내 방 안을 정리하다 찾게 된, 10년도 더 된 일기장 한 권을 발견했다. 얼마만큼의 시간 동안 잠들어 있었을까. 색이 바랜 일기장을 들추자 꽁꽁 뭉쳐 있던 그때의 내가 방 안 가득 풀어진다.

 나는 끊임없이, 쉼 없이 뭔가를 써야만 했다. 하루에도 마음이 바닥으로 내려앉고, 무거운 먹구름이 머릿속을 가득 메울 시기. 나조차도 나를 이해할 수 없는 나날들이었다. 그런 삶은 내 곁을 맴돌며 오해의 실타래를 맺고 풀어 가기를 반복하고 있었다. 나는 왜 그토록, 일기장을 붙들고 살아온 것일까.

 누군가 삶은 고통이고 고독한 길이라 말한다. 어느 것 하나 분명하지 않은 현실에 하루를 산다는 건 살얼음판을 걷듯 차가웠고 아렸다. 살다 보면 누구에게나 차가운 계절은 찾아오는 것이고 피할 수도 없다. 하지만 때론 꽁꽁 엉켜 붙은 오해의 시간 속에 산다는 건 너무 큰 슬픔을 잉태한다. 그럼에도 불구하고 우리는 그 시간을 견뎌야 한다.

 삶이란 봄꽃이 나붓나붓 휘날리는 계절만 있지는 않을 테다. 여름의 장맛비에 등을 세차게 얻어맞기도 하고, 한겨울 칼바람에 살점이 도려내진 듯 쓰라리기도 한다. 그래도 계절의 시간은 누구에게나 흐른다.

 이제 오해의 시간이 견뎌 낸 공간에는 이해의 시간이 그 자리를 지킨다. 그리고 그때보다 지금의 내가 괜찮다 말할 수 있는 건 어쩌면 그때는 몰랐던 걸 지금은 조금 알게 되었기 때문일 것이다. 그때의 조금 못난 내가 온몸으로 풀어낸 오해의 시간들. 이젠 이해의 자리에 오해의 시간이 희미하게 흐트러진다.

몽돌의 시간

아무것도 가진 게 없다고 생각하지 말자. 가진 게 없어 불행해하며 세월에 야속해하지 말자. 넓은 바다도 나와 함께할 수 있고, 밀려오는 파도도 나와 친구가 될 수 있다. 파도가 밀려올 때마다 차르륵거리는 몽돌 구르는 소리. 지금 나는 몽돌, 너를 바라본다.

몇 년 전 언니랑 조카와 함께 여수 여행을 갔다. 언니는 가족여행으로 바다 앞 숙소를 예약했었다. "너 이번 주말에 뭐 해? 같이 여수 가자." 여행을 앞두고 갑작스러운 일이 생긴 형부는 함께 갈 수 없게 되었다. 3명이 묵을 수 있는 숙소였고 언니는 조카랑 단둘이 가면 그만이었다. 하지만 이왕 가는 거 한 명 무임승차해도 상관없으니 나도 가자고 전화가 왔었다. 그 당시 나도 마음이 답답한 터라 언니의 뜻밖의 소식이 반가웠다. 그렇게 난 몽돌 해수욕장이란 곳을 처음 가 보게 되었다.

 모가 나지 않고 둥글둥글한 돌을 몽돌이라고 한다. 정말 신기할 정도로 해변가 돌들이 동글동글 반들거렸다. 크기만 서로 다를 뿐, 누가 사포로 문질러 놓기라도 한 듯 모난 구석이 하나 없었다. 조카도 신기했는지 나처럼 이리 만져 보고 저리 만져 보며 반지르르 빛을 발하는 몽돌을 바라보았다.

 몽돌에는 전 생애가 보이지 않은 시간만이 남아 있었다. 처음에는 울퉁불퉁한 모양으로 세상의 모든 걸 다 가졌다 으스대던 돌이었을 것이다. 날이 선 모양이 동글동글 곡선이 되기까지 몽돌의 시간이 궁금해졌다. 그 삶에는 얼마나 많은 시간 태풍과 비바람을 견뎠을까. 쉴 사이 없이 밀려드는 파도에 모가 난 곳이 생채기가 나고 진물이 났을 터. 거센 파도 앞에 속절없이 부서졌을 것이다. 하지만 몽돌은 견뎠다. 파도에 떠밀려 떼구루루 흔적도 없이 사라지는 대신, 파도와 맞서며 바다와 섞이고 어울려 바람과도 끊임없이 손을 잡앉을 거다. 그렇게 세상을 알아 갔고 일어서는 법을 스스로 터득했다.

　조카는 예쁜 몽돌을 발견했다며 내 손에 쥐여 준다. 그리고 나의 시간을 손에 움켜쥔 몽돌에 덧입혀 본다. 몽돌의 시간 속에는 여전히 파도가 친다. 파도에 밀려 차르륵거리는 몽돌 구르는 소리가 바람을 타고 들려오는 것만 같다. 이내 나의 마음에도 잔잔한 파도가 너울거린다. 그곳엔 작은 몽돌 하나 차르르륵거리며 구른다.

바람이 분다

바람이 분다.

초록의 잎사귀들이 바람에 나풀거린다. 바람은 나무 사이사이 계절의 마디마다 불어오고 이내 다시 사라진다. 인생의 초가을에 들어선 지금, 내 안에는 여전히 바람이 계절을 타고 불어온다.

10년 전쯤 '인생이란 무엇인가?'에 깊이 빠져 있던 시기가 있었다. 생의 본질에 대해 스스로에게 묻고 답하기를 반복하기를 여러 날. 나는 로댕의 「생각하는 사람」 조각상처럼 매일 밤 불 꺼진 방에 웅크리고 앉아 생각에 빠지기 일쑤였다. 이런 나에게 기분 전환을 해주고 싶었는지 어느 날 직장 동료는 바람을 쐬러 가자고 했다. 우리가 간 곳은 갈대밭이었다.

바람이 가장 적나라하게 보이는 곳이 습지의 갈대밭

이 아닐까. 바람에 몸을 맡긴 갈대들은 어느새 바람과 한 몸이 된다. 갈대밭에 쏴 바람이 불면 갈대들이 마치 파도처럼 일렁인다. 그러곤 비스듬히 드러누웠던 갈대들은 어느새 가늘고 긴 몸을 꼿꼿이 세우면서 다시 일어난다. 얼핏 보면 바람에 툭 하고 쓰러지는 것처럼 보이지만 바람 앞에 의연한 자세로 다시 오뚝이처럼 우뚝 선다. 갈대의 바람과 맞서는 강인함은 어디에서 오며, 꺾이지 않은 유연함은 어디서부터 온 것일까. 곰곰 생각하면 갈대는 세상에서 가장 강한 식물임에 틀림없다.

바람이 안 부는 곳이 어디 있으랴. 바람은 바깥에서만 불어오는 게 아니다. 내 안의 바람도 수시로 불어온다. 바람이 갈대의 줄기 사이사이를 지나가듯 우리들의 삶에도 갈대밭처럼 바람이 불어온다. 우리는 수없이 불어오는 바람에 쓰러지기도 하고, 가지가 꺾이기도 한다. 그러다 언제 그랬냐 하듯이 바람에 흔들렸던 갈대처럼 다시 꼿꼿이 몸을 세운다.

바람이 분다.

갈대밭 은빛 이파리들이 반짝거리며 바람결 따라 출렁인다. 바람이 내 안에서도 은빛 물결 따라 너울거린다. 내 마음도 그 바람결 따라 몸을 맡겨 본다.

눈물 가두기

 마음속 우물에 뿌리를 내리고 자라나는 나무가 있다. 그리고 우물 깊은 바닥에는 씨앗 하나가 숨죽여 있다. 한 알의 씨앗 속은 무엇이 웅크리고 있는지 깊고 고요하기에 가늠조차 하기가 어렵다. 이 씨앗은 어디서부터 왔을까? 아마도 생이 시작하는 곳으로부터 움텄을 것이다.

 인간이 가장 먼저 태어나면서 보이는 건 눈물이다. 찰랑찰랑했던 우물 속에서 웅크리고 있던 아기는 자신이 있던 곳의 바닥을 다 드러냈을 때 세상 밖으로 나온다. 이때 새로운 생명이 탄생하듯 아이는 새로이 솟아난 눈물을 터트린다.

 눈물은 단순히 안구의 눈물샘에서 흘러나오는 분비물이기도 하지만, 인간의 감정 변화에 의해 흐르기도 한다. 하지만 속이 훤히 들여다보이는 투명한 눈물의 이면은 복잡한 삶이 수없이 담겨 있다. 아이가 태어나면서 울음을 터트리는 눈물은 처음 세상과 맞닥뜨리게 되는 두려움일 것이다.

 어릴 적 겁도 많고 눈물도 많은 나는 별명 중 하나가 '울보'였다. 수줍음 많고 말수가 적었던 나는 감정을 드러낼 수 있는 게 눈물뿐이었다. 하지만 어른이 되면서 나는 더 이상 울보처럼 울지 않는다. 대신 눈물을 마음속 깊이 꾹꾹 삼키며 가두었다.

 살다 보면 인생에는 예기치 못한 시련들이 많이 찾아온다. 그럴 때면 나는 우물 속 뿌리에 눈물을 뿌렸다. 거세게 몰아치며 흔들리는 나무에 힘을 실어 주기 위함이었다. 눈물이란 때때로 시련에 부딪히고, 슬픔의 소용돌이에 휘말리며 우리를 크고 단단한 한 사람으로 자라게 한다. 나의 마음속 나무가 조금씩 자라듯, 눈물은 각자의 마음속에 뿌리를 내려 조금씩 우리를 성장시키는지 모른다.

명절의 고속도로

"이번에는 몇 시간이나 걸릴까?"

신랑과 나는 점을 치듯 내려가는 시간을 가늠해 본다. 명절이 아닌 날에도 쉬지 않고 4시간 30분 정도를 달려야 도착할 수 있는 거리. 시댁은 가깝지 않은 곳에 있다. 그래서일까. 명절에는 도착 시간을 예측할 수가 없다. 아무리 새벽 시간에 이동한다고 해도 한날한시에 모두들 움직여서인지 평소 2배의 시간은 걸리니 말이다. 가만 보면 마음 비우기에는 제격인 날이다. 발만 동동 굴려 봤자 내 속만 새카맣게 타들어 갈 뿐이다. 급하게 마음먹어 본들 나만 손해다. 하지만 이번 명절은 내가 생각해도 너무하다 싶었다. 거의 하루의 절반을 고속도로 위에서 보냈으니 말이다.

새벽 5시. 우리는 잠이 덜 깬 몸을 차에 구겨 넣고 출발했다. 졸음을 쫓기 위해 창문도 열어 본다. 아직은

찬 공기가 열린 창문으로 쑥 밀려 들어온다. 푸른 어둠 속에는 우리만 있는 게 아니었다. 이미 많은 차의 불빛들이 도로 위 어둠을 깨우고 있었다.

 집을 떠난 지 30여 분. 그사이 어둠은 옅어지고 하늘에는 붉은 물이 들기 시작했다. 그때 앞차들이 붉은 등을 연신 깜빡인다. 속도를 줄이라는 신호다. 몇 걸음이나 굴렀을까. 차 두 대가 도로 한복판에 서 있다. 한 명은 어딘가로 전화를 하고, 다른 한 명은 이마에 손을 짚고 체념한 듯 하늘을 바라보고 있었다. 앞차의 뒷부분이 심하게 찌그러져 있었다. 뒤차의 앞부분도 별반 다르지 않다. '벌써부터 사고라니.' 그렇게 우린 두 번의 작은 접촉사고를 목격했다. 누구의 마음이 급했을까. 아니면 누가 더 욕심을 부렸을까. 창밖의 풍경을 바라보며 사고가 났던 차를 떠올리는 찰나 갑자기 배 속이 뒤틀리기 시작했다. 아까 잠을 쫓기 위해 빈속에 커피를 벌컥벌컥 들이켠 게 탈이 난 모양이다.

 지금, 고속도로는 고속도로가 아니었다. 굼벵이처럼

천천히 굴러가는 바퀴들 때문인지 눈에 자연 풍경은 들어오지 않는다. 야속하게 긴 줄만 보일 뿐이다. 그때 갓길이 자꾸만 나를 유혹한다. '저기로 가면 금방 휴게소에 갈 수 있을 텐데….' "자기야, 얼마나 남았어?" 나는 요동치는 배를 움켜잡고 신랑에게 묻고 또 묻고만 반복했다. 아까 지나쳐 온 '졸음쉼터'가 못내 아쉬웠다. 그냥 내릴걸. 휴게소에서 이것저것 먹거리를 먹을 생각에 욕심을 부린 것이 잘못이다. 후회해 봤자 이미 지나 버린 길. 되돌아갈 수도 없다. 그렇게 겨우 도착한 휴게소. 휴게소 입구부터 차가 움직이질 않더니 역시나 화장실 줄도 꼬불꼬불 길게 늘어서 있었다. 난 한참을 기다린 후에야 겨우 급한 볼을 끌 수 있었다.

우리는 인생을 곧잘 길에 비유한다. 고속도로처럼 곧게 뻗은 평탄한 삶이 있는가 하면, 국도처럼 구부렁구부렁 돌아가야 하는 삶도 있다. 그렇다고 고속도로가 좋은 것만은 아니다. 자칫 빨리 가려고 욕심을 부렸다가는 사고가 나기 일쑤다. 또 명절에는 어떠한가. 고속도로라고 빨리 집에 도착할 수 있는 것도 아니다. 결국 도착 시간은 국도나 고속도로나 매한가지이다. 인생길 앞이 보이지 않아 답답할 때는 마음을 비우고 천천히 주변 자연을 감상하는 여유의 시간을 갖자. 그러다 보면 막혔던 길도 탄탄대로로 뚫릴 것이다.

어느덧 시댁의 나지막한 푸른빛 풍경이 눈앞에 병풍처럼 펼쳐진다. 비로소 막혔던 숨이 트이는 듯했다. 우리는 집이라는 목적지를 향해 속력을 높였다. 창밖으로 불어 드는 산뜻한 바람이 신랑과 내 입을 간질이며 반겨 주는 것만 같았다.

진짜 그림자

 멈추면 저도 멈추고, 달리면 같이 뛴다. 나란히 보조를 맞추다가도 앞서기도 하며 소리 없이 움직인다. 그러다가 그늘과 마주치면 감쪽같이 사라지기도 한다. 매일 따라붙는 게 지겹기도 할 텐데 게으름을 피우지도, 불평도 없고 거부하지도 않는다. 잘났다고 뽐내지도 자신을 드러내는 법도 없어서 언제나 빛의 뒤편에 위치한다. 울퉁불퉁한 길도 아랑곳하지 않고 그저 묵묵히 따라온다. 나의 그림자는 지금까지 걸어왔던 길을 모두 기억하고 있는 또 다른 나와 같다.

 그림자가 없는 사람은 없다. 돈이 많거나 적거나, 얼굴이 예쁘거나 못생겼거나 구분 없이 누구에게나 똑같은 채도와 밀도로 존재한다. 우리 모두는 그림자 앞에서는 하나의 색일 뿐이다. 자신의 몸을 다 드러내었음에도 감정을 함부로 드러내는 법도 없다. 지금껏 세상에서 수없이 반복했던 나의 과실과 허물을 지켜보았어도 어느 한쪽으로 치우친 적도 없이 조용히 나를 지켜봤다.

어느 날, 달리기를 하다 내 그림자와 만난 적이 있었다. 출발할 때는 조용히 뒤따라오던 그림자가 되돌아올 때는 내 앞에서 먼저 뛰고 있었다. 햇빛이 등 뒤에서 찬란하게 빛날 때 그림자는 거인처럼 크게 보였다. 사실 나의 실체는 작고 초라하여 장애물 앞에서 쉽게 포기하고 겁부터 먹기 일쑤였다. 이런 나의 모습을 세상에 들키지 않기 위해 거인처럼 커진 그림자를 앞세우고 걸었던 적도 많았다. 내가 나를 믿지 못했던 시절, 주체적이지 못했고 수동적으로 세상에 끌려다녔다. 주체는 나의 자아였고, 내면 실체였음을 왜 그땐 몰랐을까. 그렇게 무의미한 날들 속에 나의 그림자는 텅 비어 있었다.

그림자는 있어도 그림자 속 자아가 텅 빈 삶을 사는 사람들이 많다. 항상 나와 붙어 있는데도 없는 것처럼 자신을 돌보지 않고 세상이 요구하는 대로 틀에 맞춰 살아가는 사람들. 진정한 자신의 모습은 보지 못한 채로 말이다. 그림자는 내 마음이고 나 자신이다. 내 안에 주체적인 내가 없다면 삶은 허상이고 껍데기인 인생일 뿐이다.

다시 나의 그림자와 마주 선다. 길게 늘어진 그림자에게 조용히 말을 걸어 본다.

옥상 정원

 자잘한 나무와 자잘한 꽃이 옹기종기 줄지어 놓여 있다. 자그마하고 아기자기하다. 무채색의 시멘트 바닥에 꽃밭이 펼쳐졌다. 초록의 나뭇잎들도 무채색의 삭막함을 밀어 낸다. 주택의 옥상에 자리 잡은 아줌마의 정원은 사계절 알록달록 세상을 피워 내고 있었다. "명미야, 골라 봐. 아줌마가 예쁜 화분 하나 선물해 줄게." 내 손만 닿으면 잘 자랐던 화분도 금세 시들어 간다. 반대로 아줌마는 금손인게 분명하다. 곧 죽어 가는 화분도 아줌마 손길만 닿으면 되살아나기 때문이다. 그날도 내 손에는 곧 죽을 것 같은 화분을 들고 아줌마를 찾아갔다.

 아줌마 집은 마치 정원 안에 있는 듯했다. 집 안에도 아기자기 화분이 많았고, 옥상을 오르는 계단에도 여러 화분이 놓여 있었다. 건물 전체는 시멘트로 둘러싸여 있어 삭막했지만, 건물 벽과 바닥 틈에 숨구멍이 열려 있는 듯했다. 마치 건물 전체가 살아 숨 쉬는 공간 같았다. 아줌마는 내가 들고 온 화분을 다른 곳으로 옮겨 심고 물을 주었다. 그리고 쓰다듬으며 '사랑해'라고 속삭였다. 아무리 볼품없고 시들시들한 꽃과 나무들도 아줌마에게 모두 같은 존재들이었나 보다. 어쩌면 오히려 더 마음이 가고 손이 더 가는 화분처럼 보였다. 그렇게 아줌마 손에 들어가면 생명을 잃어 갔던 화분도 모두 생기를 얻고 다시 살아났다.

우리는 살면서 각자의 화분에 꽃을 피우고 나무를 길러 낸다. 따뜻한 햇볕의 양분을 받고 촉촉한 물을 머금고 자란 화분은 아름다운 삶을 품고 있다. 하지만 때때로 세상의 비바람을 맞고, 꽃은 바닥에 떨구고, 가지는 꺾이며 이파리 또한 떨어져 나가기도 한다. 어느 날은 병마가 찾아와 시름시름 앓기도 한다. 이렇게 화분 속에서 위태롭게 기울어져 가는 삶을 곧추세우려고 우리는 안간힘을 쓴다. 어쩌면 우리는 이런 세상 속에서 아줌마의 정원이 간절히 필요할지 모른다. 꺾인 가지를 따뜻한 손길로 받쳐 주는 정원, 떨어져 나간 꽃과 이파리의 자리를 어루만져 줄 수 있는 정원. 실패의 두려움을 딛고, 절망의 순간에 손을 잡아 주는 곳. 다시 가슴속에 생기와 열정을 끌어올려 보는 곳 말이다. 아줌마의 정원은 그런 곳이었다.

며칠 후, 내가 가져왔던 화분은 푸른 생기를 띠며 꼿꼿이 몸을 펴고 있었다. 가끔 누군가의 화분이 시들어 보이면 아줌마의 손길처럼 따뜻한 손으로 고개 숙인 이파리를 잡아 줘야겠다. 이는 흔들리는 세상 속에서 꼿꼿이 함께 살아가고 서로에게 힘이 되리라 믿는다.

해우소 이야기

　새벽 달리기는 그야말로 환상적이다. 달려 본 사람만이 새벽 공기가 주는 청량의 맛을 잊지 못할 거다. 나 또한 그 신선함에 매료되어 매일 새벽 달린다. 그날도 동트기 전 집을 나섰다.

　기상 후, 물 한 잔을 마시고 공복 상태로 집을 나왔다. 집 앞 횡단보도에서 파란불이 켜지기를 기다리고 있었다. 우두커니 서서 한 대, 두 대씩 지나가는 자동차를 바라보고 있노라니 아랫배가 살살 아파졌다. 어제저녁의 탐욕을 부린 결과인가 보다. '다시 집에 갈까?' '지금 뛰어야지 해 뜨기 전에 뛸 수 있는데.' 집으로 갈까, 말까 갈팡질팡하는 사이 신호가 파란불로 바뀌었다. '에이, 그냥 집에 가자.' 아랫배가 꿈틀대며 아팠기 때문에 집으로 발걸음을 돌렸다. 몇 걸음 걸었을까? 좀 전까지 아팠던 배가 갑자기 사르르 정상으로 돌아온다. '뭐지? 괜찮은가?' 나는 다시 되돌아 공원 쪽으로 발걸음을 옮겼다.

  공원에는 길 따라 시냇물이 졸졸 흐르고 있었다. 간단한 스트레칭 후 워치를 켜고 살살 달리기 시작했다. 졸졸졸 시냇물 소리, 째째쨱 새소리, 산들산들 부는 바람을 살갗으로 느끼며 새벽의 맛에 심취해 있었다. '역시, 새벽 달리기는 최고야.' 두 팔을 벌려 온몸으로 느끼는 그 순간 뒤에서 "따르릉~" 소리가 요란하게 들렸다. 새벽 라이딩을 하시는 분들이다. 자전거 세 대가 줄지어 "따르릉. 따르릉." 요란하게 경적을 울려 댄다. "아이고, 깜짝이야!" 너무 놀라 심장이 멎는 줄만 알았다. 나는 놀란 심장을 진정시키고 다시 달리기 시작했다. 다시 주변은 고요에 갇혔고 졸졸졸 시냇물 소리가 점점 크게 들려왔다. 시원하게 흐르는 시냇물을 보니 반사적으로 갑자기 아랫배가 '싸르르' 아프기 시작했다. 그리고 뒤가 묵직해 왔다. 집에서 출발했을 때와는 다른 감각이었다.

그런데 큰일이다. 나는 이미 공원 입구에서 거의 끝에 왔고, 이 주변에는 화장실이 없다. 그리고 공원에서도 화장실을 보질 못했다. 무조건 집까지 가야 한다. '침착해. 참을 수 있어.' 나는 나에게 최면을 걸기 시작했다. 뛸 수는 없었다. 최대한 경보에 가까운 속도로 걷기 시작했다. 음식에 대한 나의 탐욕이 방망이가 되어 아랫배의 여기저기를 꾹꾹 찌르는 듯하다. 지구 반대편의 굶주리는 아이들에 대한 자비를 잃은 죄의 대가가 괴로움이 되어 돌아온 것일까. 순간 아랫배가 부드럽게 가라앉는다. "휴~" 이때다 싶어 나는 다시 집 방향으로 뛰었다. 또다시 아랫배가 무거워진다. 달렸더니 배에 압박이 갔나 보다. 또다시 경보로 바꾸며 아랫배를 달래 본다. 희한하다. 빠른 걸음인데도 등줄기에 땀이 밴다. 이마에도 송골송골 땀이 맺힌다. 탐욕은 또 다른 탐욕을 낳는다고 했던가. 탐욕은 뒤꽁무니에서 더욱 방망이질을 해 댄다. 가다 멈추다를 반복하며 겨우 집 앞 횡단보도까지 왔다.

소설의 구성 단계가 발달-전개-위기-절정-결말이

있던가. 지금 순간 내게도 위기가 찾아왔다. 댐이 무너지기 일보 직전처럼 한 발을 떼기조차 힘들어졌다. 탐욕이 탐욕을 낳듯 뒤꽁무니의 수문이 열리기 직전이다. 어금니를 꽉 물고, 두 주먹을 불끈 쥐어 본다. 동시에 발가락을 힘껏 구부렸다. 나는 가던 길을 멈춰 섰다. 그렇게라도 가로막을 수밖에 없다. 그때의 내 표정은 어땠을까? 아마도 세상 가장 심각한 괴로움의 표정은 이렇게 나타났을 것이다. '이제 끝인가.' 생각이 들 무렵 또다시 부드럽게 가라앉는다. 그렇게 아랫배의 죄를 끌어안은 채 나는 집 안 화장실의 문고리를 겨우 잡을 수 있었다.

'해우소'. 사찰에서 화장실을 일컫는 말이다. 근심을 푸는 곳이라니. 고개가 절로 끄덕여진다. 온갖 탐욕과 근심을 끌어안고 하루하루를 보낸다면 인간의 삶은 고통스러울 것이다. 배출되지 못한 탐욕의 덩어리들은 독이 되어 우리 몸 곳곳에 독소를 쌓게 된다. 독소는 몸을 붓게 하고 병을 만들고 기분까지 우울하게 만든다. 비단 몸속의 독소뿐이랴. 살다 보면 겪게 되는 좌절, 슬픔, 억울함도 독이 되어 정신을 피폐하게 한다. 이 또한 바로 풀지 못하고 오래 묵힌다면 근심의 덩어리가 되어 가슴을 짓누를 것이다.

  비워 내야 새로운 것을 채울 수 있다. 모든 걸 끌어안고 몸과 마음을 병들게 하지 말고 독소가 쌓이기 전에 맑은 바람에 풀어 내자. 묵직했던 아랫배가 후련해진다. 천국이 따로 없다. 근심으로 가득 찼던 마음도 맑아지는 것 같다. 내 몸의 일도, 내 마음의 일도 해결할 사람은 바로 나다. 이 역시 마음먹기에 달려 있음을 변기에 앉아 곰곰 생각해 본다.

슬프고 그리운 정

 체념(諦念)의 정의는 이렇다. '희망을 버리고 아주 단념함.' 희망을 삼켜 버릴 만큼 절망뿐이라면 삶이 얼마나 괴로울까. 살면서 절대 마주하고 싶지 않은 단어가 아닐까 싶다. 적어도 내겐 그렇다. 하지만, 현생의 시간이 얼마 남아 있지 않은 가족들, 더 이상 관계 회복이 힘든 연인들, 사업의 실패로 삶의 절벽 끝에 서 있는 사람들. 이렇듯 우리는 종종 삶에서 '체념'과 마주 서게 된다.

 "결과 나왔어?"
 내 물음에 전화기 너머 깊은 한숨만 내뱉고 있는 남자 친구는 좀체 입을 떼지 못했다. 그는 한동안 쉽게 지쳤고 부쩍 피곤함을 느꼈다. 그러던 어느 날 남자 친구는 건강검진을 받을 기회가 있었다. 그리고 알게 된 사실. 암이었다. 암이란 녀석은 젊은 피에서 급속도로 자신의 세력을 키운다고 한다. 순식간에 퍼져 버린 암세포는 하루하루 남자 친구의 생(生)을 좀먹었다. 삶과 죽음의 경계에 선 그에게 사랑은 사치였다. 두려움과 절망이 한 줄의 희망까지 갈아 치울 땐 더 이상 그에게 난 버거운 존재가 되어 있었다. 그렇게 우린 헤어졌다. 아빠도 같은 병으로 돌아가셨기에 그 병이 얼마나 무서운지 말을 하지 않아도 온몸으로 느낄 수 있었다. 남자 친구는 하루아침에 딴 사람처럼 굴었다. 나를 매섭게 떼어 내는 그를 더 이상 붙잡을 수가 없었다. 한동안 아팠다. 그도 나도.

나의 가장 깊숙한 공간, 마음속에는 항상 그가 존재한다. 내 마음인데도 나조차도 함부로 열어 볼 수 없는 공간. 그 후, 5년의 세월이 흘렀을 무렵 지인으로부터 그의 소식을 듣게 됐다. 더 이상 암은 퍼지지 않았고 추적 관리를 하며 잘 살고 있다고 한다. 어찌 됐건 살아 있다는 거다. 그가 살아 있다는 것만으로도 감사했다.

'체념'과 처음 마주했을 때, 미래도 보이지 않는 절망만이 안개처럼 주위에 자욱했다. 아무리 두려움과 절망의 안개를 걷어 내도 또 두려움과 절망만 남아 있을 뿐이었다. 하지만, 체념을 온몸으로 받아들이고 고요히 눈을 감고 그것의 내면을 바라보면 깊은 어둠 속에서도 빛을 품고 있는 체념을 보게 된다. 체념은 슬픔 속에 아픔이 고여 있고 그리움이 숨어 있고 희망이 서려 있다. 나에게 체념은 아주 슬프고도 그리운 이야기로 남아 있다.

나의 등대

 등대는 땅의 끝과 바다가 시작되는 경계에 탑 모양으로 높이 세워진 시설물이다. 특히, 밤에 다니는 배에 목표, 뱃길, 위험한 곳 따위를 알려 주고 불을 켜 뱃길을 인도한다. 뱃사람들은 안정감을 주는 길라잡이로 삼는다. 칠흑 같은 어둠 속에서 깜박이는 불빛은 안도감의 메시지이기도 하다. 어디로 가야 할지 방향을 잃을 때 깜박이는 불빛을 만난다면 뱃사람들은 안도의 한숨을 내쉴 것이다. 등대의 불빛은 희망이고 위안을 주는 언어이고 안내자의 상징이다.

 종종 인생은 망망대해를 항해하는 바다에 비유하곤 한다. 거친 파도를 거느린 바다는 우리의 삶에 수시로 불안과 절망으로 넘실거린다. 배가 뒤집힐 듯 거칠게 몰아치기도 하고 그러다가도 잔잔한 물결을 치며 고요해지기도 한다. 이렇듯 앞을 알 수 없는 뱃사람에게는 등대 같은 존재가 간절했는지도 모르겠다. 등대가 없던 옛 시절에는 별자리가 밤하늘의 나침반이었다. 별의 모양을 보고 뱃머리의 방향을 정했을 터이다. 나침반이 되어 준 별자리는 배를 안전하게 육지에 닿게 해 준다.

 나의 삶에도 등대가 간절한 시기가 있었다. 세상살이가 늘 좋은 일만 있으면 좋겠지만, 시련이란 파도는 거칠게 나에게 몰아쳤다. 일상이라는 배는 거센 풍랑에 이리 흔들 저리 흔들 방향을 잃어 갔다. 더욱 거칠어지는 성난 파도 속에서 나는 지혜를 짜내야만 했다. 어떻게 하면 험난한 세상길을 안전하게 빠져나갈 수 있을까 말이다. 그칠 것 같지 않던 파도는 언제 그랬냐는 듯 시치미를 뚝 떼며 잔잔해지곤 했다. 적막감으로 가득한 검푸른 망망대해에서 나는 두려움과 고독을 온몸으로 견뎌 내 보기도 했다.

 그렇게 세상이라는 바다는 거칠고 험했다. 나침반도 없고 밤하늘의 별자리도 보이지 않는 곳에서 스스로 등대가 되어야 했다. 나에게는 비바람과 풍랑을 이겨내고 어둠을 이끄는 등대가 필요했다. 파도가 거친 숨을 뱉을수록 나는 방향을 잃지 않도록 마음을 다독이며 수없이 다짐한다. 나는 세찬 비바람에 무너지고 일어서기를 반복하며 마음속 등대를 세웠다.

 나의 등대는 거친 바다를 항해토록 도와주는 삶의 나침반이며 희망의 불빛이다. 시련 앞에 서면 내 등대에는 불이 켜진다. 칠흑 속에 불빛이 깜박이듯 두려움의 세상에서 나의 등대는 더욱 빛을 발하며 우뚝 솟는다.

스스로 도는 풍차

저기 하늘을 향해 우뚝 솟은 장엄한 자태를 보라! 뜨거운 심장을 허공에 걸어 놓고 제 삶의 중심에 근엄하게 서 있는 모습이 마치 전쟁터에 나가는 장군 같다.

삶의 모진 비바람과 폭풍 속에서 더욱 힘차게 움직이는 바람의 열사. 한평생은 독립투쟁의 역사라 해도 과언이 아닐 터, 의롭지 않은 것엔 절대 무릎을 꿇지 않은 우직함과 강인함을 풍차에 품고 있다. 수직의 삶이 고단했을 텐데 한 번도 힘든 내색을 한 적이 없다. 그런 그를 보고 변화를 추구하는 구름도 고개를 숙이고, 타협을 모르는 강렬한 태양도 목례로 예의를 갖춘다.

지난날 숨 가쁘게 돌던 풍차처럼 나의 시간 속에는 희망도 보이지 않고, 희뿌연 안개만 내 인생길에 짙게 내려앉았던 적이 있다. 그때 나의 풍차는 생을 이어 가기 위해 끊임없이 돌고 돌았을 뿐이다. 삐거덕삐거덕 소리를 내며 힘겹게 돌아가는 풍차는 더 이상 힘이 부쳤는지 제 몸의 나사를 풀어 멈추기를 선택하였다. 그렇게 나는 나를 잃어버리는 시간 속에서 갇혀 바람의 세상에 홀로 버려졌다.

그러던 어느 날, 구름이 와서 그늘이 되어 주었고 햇볕이 나에게 희망을 품게 해 주었다. 또다시 나를 찾아온 바람은 그리 매섭지만은 않았다. 나는 더 이상 바람 때문에 무릎 꿇지 않고, 바람 때문에 절망하지 않았다.

바람은 비로소 나를 통과해 삶의 의미를 발견하고 존재의 의미를 되찾게 해 주었다. 풍차는 이제 바람을 두려워하지도 피하지도 않는다. 나의 풍차는 세상의 바람을 향해 힘차게 돌기 시작한다.

여섯,
감사와 희망

특별함 쪽으로
기울어지는 것　　　　　　　　누군가의 숟가락

뜨개질이 수놓은 하루

　　　　　　　　　　　　발의 소임

　　　　　　물의 힘
　　　　　　　　　　　　　　산을 품다

생각하는 구름

　　　　　　　　　　　　　　삶의 흔적

　　　　새벽을 깨우는 사람들

　　　　　　　　　　　　　　집착과 희망

　　비둘기의 독립

　　　　　　　중용의 꿈

　지도가 그린 삶의 해답

특별함 쪽으로 기울어지는 것

 방향을 바꿨다. 거실에 놓여 있는 화분의 나무는 한쪽 방향으로 몸이 굽어 있다. 3년 동안 한 방향으로만 두었던 것이 문제였나 보다. 이사 후 좀 더 넓어진 공간에서 보니 굽은 허리가 더 도드라져 보인다. 그런데 기울어진 모습이 위태롭기보다는 오히려 그 모습이 특별해 보이기 시작했다.

 시간이 지날수록 몸이 기울어진다는 건 특별한 마음이 생겨났다는 게 아닐까 생각한다. 화분으로 드리워지는 햇볕의 시간은 나무에는 특별함으로 다가왔을 터. 적막한 세상에 홀로 서 있는 내게 관심을 비추고 지친 일상으로 눅눅해진 마음을 말려 주는 햇볕이 특별했을 거다. 신랑도 내게 그런 존재였다. 세상의 편견 속에 한쪽으로 굽어진 마음을 새로운 시선으로 기울게 해 줬다. 이렇게 특별함은 평범한 하루하루를 특별하게 만들어 준다. 그런 하루 속에서 화분은 매일이 선물이었을 거다.

 나의 일상도 평범하다. 아침에 일어나 양치하고, 집안일하고, 글을 쓰고, 매일 운동을 한다. 매일 똑같은 일과 속에 난 하루라는 시간과 나란히 발을 맞춰 걷는다. 하루 중 새벽 시간은 내게 더 특별하다. 게으른 사람은 절대 볼 수 없는 시간이기 때문이다. 난 새벽 시간에 보통 달리기를 나간다. 달리기는 내게 건강 이상의 무언가를 준다. 하루를 지탱할 힘을 주고, 어느 날은 포기하고 싶은 마음을 슬쩍 달래 주기도 한다. 그리고 나의 마음이 한곳으로 치우치지 않고 균형을 유지할 수 있게 도와준다.

 누구에게나 똑같은 일상은 누군가에는 특별한 하루다. 그 누군가는 자신의 삶에 애정을 갖고 관심을 기울인다. 하루가 건강함에 감사함을 느끼고, 소중한 사람과 매일 함께할 수 있는 것이 행복임을 깨닫는다. 하지만 사람들은 특별함을 기념일처럼 특별한 사건에 의해

서만 발생하는 걸로 여긴다.

 내가 얼마만큼 관심을 기울이냐에 따라 평범한 일상도 특별한 매일이 될 수 있다는 걸. 그러니 일상에서 마주하는 특별함에 몸을 기울여 보는 건 어떨까.

누군가의 숟가락

 기다란 몸의 끝에 둥근 바가지 하나 몸에 이고, 누군가를 위한 생명줄을 위해 연신 숟가락질을 해 댄다. 생(生)과 사(死)의 갈림길에서 숟가락의 역할은 판연하게 갈린다. 링거대에 매달려 있는 여러 개의 수액 통은 숟가락을 대신한다. 아빠의 목에 호스가 꽂혀 있고, 그 관을 타고 여러 개의 약물이 몸속으로 흘러 들어간다. 숟가락을 놓은 아빠의 삶은 죽음 쪽으로 점점 기우는 듯 보였다.

 숟가락은 삶과 함께 공존한다. 숟가락을 손에 쥔다는 건 살아 있다는 증거이다. 며칠 전 위염이 심해 아무것도 못 먹었을 때였다. 나는 흰밥을 팔팔 끓였다. 작은 냄비에 물을 붓고, 흰쌀밥을 한 주걱 퍼 작은 불에서 계속 숟가락질을 했다. 살기 위한 나의 삶의 노동이었다. 어찌 보면 숟가락은 인간에게만 필요한 건 아닌 것 같다. 이 땅에 살아 있는 모든 생명체에겐 숟가락 기능은 하나씩 가지고 있을 법하다.

이른 새벽 나는 숟가락질로 요깃거리를 하고 하천 길을 따라 달린다. 하천에는 나처럼 하루를 지탱할 양분을 얻기 위해 숟가락질을 하는 오리들을 발견했다. 마치 오리의 부리가 수저 역할을 하듯 주둥이를 담방대며 고기를 잡는다. 숟가락으로 들어 올린 고기는 오리를 포동포동 살찌운다. 오리가 푸드득 깃을 치며 날아오르는 하천 길에는 나무들이 줄지어 서 있다. 나무는 무엇으로 숟가락 역할을 할까. 나무의 뿌리가 물을 길어 올려 양분을 얻을까. 아니면 가지에 붙어 있는 이파리가 햇볕과 빗물을 받아 양분을 제공할까. 어찌 됐건 뿌리든 이파리든 나무도 우리처럼 스스로의 수저질로 양분을 얻기 위해 치열하게 기후변화에 대처하며 자신의 생명력을 이어 간다.

그동안 의미를 두지 않았던 수저질에 공손한 마음을 표현하고 싶다. 그리고 그런 행위 속에는 가늠조차

할 수 없는 고귀함이 담겨 있음을 깨닫는다. 아침에 일어나 밥을 먹고, 하루를 보내고, 저녁에 잠드는 일상이 얼마나 소중한 일인가. 가끔 우리는 이런 당연한 일상을 쉽게 잊고 살아간다. 계절이 지도를 바꾸면서 나무는 가지 끝에 꽃을 피우고 잎을 떨구며 치열하게 자신의 삶을 살아간다. 하천의 오리들 또한 열심히 수저질을 하며 종족을 번식시킨다. 길에 핀 작은 꽃들, 풀 한 포기 모두 알 수 없는 생사 앞에 그저 오늘을 치열하게 살아간다. 이처럼 살아 숨 쉬는 것들만 누릴 수 있는 수저실이 얼마나 숭고하고 위대한 일인가.

 어떠한 음식도 담아내는 숟가락은 또 다른 의미로 포용을 상징하기도 한다. 음식을 집는 젓가락 또는 콕 찍는 포크와는 다르다. 숟가락에는 사랑과 정성이 담겨 있다. 어린 시절 감기에 걸리면 엄마는 숟가락에 가루약을 풀었다. 엄마의 약손처럼 약지 손가락으로 휘이 저어 물약을 만들었다. 엄마의 사랑과 정성이 담긴 숟가락은 아팠던 몸도 금세 낫게 했다. 병든 몸을 회복시켜 주는 일, 아픈 사람에게 숟가락을 쥐여 주는 일.

숟가락의 역할 앞에 경건한 마음이 절로 든다.

  오늘도 나는 정갈하게 차린 밥상에 숟가락을 공손히 올려놓는다. 누군가의 생명을 지켜 내는 숟가락을 향해 두 손 모아 감사의 기도를 올린다.

뜨개질이 수놓은 하루

 며칠 전, 옷장 정리를 하다 목도리 하나를 발견했다. 촘촘하게 짜 내려간 목도리를 보고 있으니 그리운 얼굴이 떠올랐다. 몇 년 전까지만 해도 나는 학원을 7년 정도 운영했었다. 학원가였던 동네는 건물마다 여러 학원이 즐비하게 들어서 있었다. 영어, 수학처럼 단과 학원과 국·영·수·과학의 종합 학원, 태권도, 미술, 음악 학원 등 빼곡히 들어서 있었다. 심지어 같은 층에서는 영어 학원 옆에 또 영어 학원이 있기도 했다. 내가 있는 곳도 예외는 아니었다. 수학 전문이었던 우리 학원 옆에는 한의원을 사이에 두고 다른 수학 전문 학원이 있었다. 보통, 과목이 겹칠 경우 학원들끼리 친하게 지내기란 드물다. 아무래도 서로 경쟁해야 하므로 눈에 보이지 않는 신경전이 있기 마련이다.

 그 당시 나는 오후 2시가 되면 학원 문을 열었다. 수

업이 시작되는 5시 이전 미리 준비해야 할 일들이 많아서다. 청소부터 시작해 비품 정리, 상담 전화까지 매일 반복되는 준비들이었다. 한바탕 일을 한 후 나만의 커피 타임은 꼭 가진다. 늦은 밤까지 지치지 않고 일을 하기 위한 나만의 힐링 시간이었다. 그때 그 시간, 나만 학원 문을 여는 건 아니었다. 옆 학원의 여자 원장님도 나와 비슷한 시간에 출근하셨다. 내가 학원을 오픈하고 한 달이 지난 시점, 같은 층을 오가며 자주 여자 원장님과 마주쳤다. 눈인사로 지냈던 우린 금세 친해졌다. 매일, 수업 시작 전 커피 타임도 그분과 함께하게 되었다. 하루는 우리 학원에서, 또 다른 하루는 선생님 학원에서.

선생님은 찬 바람이 부는 가을 무렵이면 큰 가방 하나를 가지고 다니신다. 거기에는 손뜨개질을 위한 대바늘과 뜨개실이 잔뜩 들어 있다. 손재주가 남다르셨던 선생님은 목도리부터 장갑, 양말, 모자, 조끼까지 못 뜨시는 게 없으셨다. 한 코 한 코 내가 엮어 내는 모양대로 무늬를 만들고 한 가지 색 또는 여러 가지 색을 혼합해서 다양한 색감의 무늬를 만들어 낸다. 옆에서 보고 있으면 신기할 뿐이다. 처음에는 어떤 모양, 어떤 색깔로 완성이 될지 전혀 알 수 없다. 한 코 한 코가 모여 여러 개의 고리가 되고, 또 여러 고리가 서로 엮여 하나의 목도리가 완성된다.

가만 보면 뜨개질도 우리 삶과 많이 닮아 있다. 지금은 미래를 내다볼 수 없지만, 하루하루라는 코가 모여 고리라는 일 년이 되고, 일 년이 모여 우리의 인생이 된다. 어느 날은 빨간색 실로 격렬하게 물들이고, 어느 날은 꽈배기 모양으로 일이 풀리지 않는 날도 있다. 그러다가 언제 그랬냐는 듯이, 솜털처럼 하얀 실이 평면으로 이루어진 다른 고리에 채워진다. 그렇다고 빨간색 실과 꽈배기 모양의 날이 잘못 산 인생은 아니다. 그 또한 나의 삶의 일부분이고 지금의 나를 있게 해 준 고마운 경험들이기 때문이다.

어쩌면 색깔을 넣고, 꼬인 무늬를 만드는 건 내가 주체적으로 하루하루를 만들어 가는 게 아닌가 싶다. 설

사, 중간에 코가 뒤바뀌어 다른 고리에 잘못 걸렸더라도 괜찮다. 조금 튀어나온 모양이면 어떠랴. 아직도 한 코 두 코 엮어야 할 고리들이 내 삶에 많이 남아 있다. 그저 오늘 하루 온 마음과 정성을 다해 뜨개질을 하면 된다. 장인 정신으로 한 땀씩 그렇게 나만의 속도대로 오늘도 나는 천천히 나의 길에 한 코 한 코 뜨개질을 한다.

발의 소임

 뒤꿈치가 땅에 닫자마자 바닥을 밀며 앞꿈치에 동력을 실어 준다. 집채만 한 몸을 등에 짊어지고 저벅저벅 세상의 길로 나아간다. 겹겹이 쌓인 세월이 발뒤꿈치에 단단한 굳은살로 박인다. 그 갈라진 틈 사이에 지난한 삶이 엿보인다. 종일 신발 안에 몸을 구겨 넣은 채, 발바닥은 쉴 새 없이 몸을 움직인다. 자신의 몸에 물집이 잡히고 돌부리에 부딪혀 생채기가 나도 덮어 둘 뿐이다. 불평불만을 늘어놓을 새도 없이 바닥에 제 몸을 기꺼이 바치는 제물이 된다.

 발은 몸의 뿌리 같다. 우직하게 자신의 본분을 잊지 않고 누굴 탓하지도 않으며 그저 묵묵히 주어진 하루의 소임을 다한다. 흔들림 없이 한 발 한 발 내딛는 발걸음에 나의 일상도 톱니바퀴 굴러가듯 평화롭게 흘러간다. 신발 속 뿌리를 뻗은 발은 오늘도 보이지 않는 곳에서 묵묵히 바닥과 사투를 벌인다.

　30대 초반 다녔던 직장은 유독 외근이 잦았다. 매일 딱딱한 구두를 신고 뛰어다니기가 일쑤였다. 많은 업무량과 시각을 다투는 일은 구두 굽을 보름에 한 번씩 갈아야 할 정도로 바빴다. 온종일 짓눌려 있을 발은 온전할 리 없었다. 해 질 녘 퉁퉁 부은 발을 끌고 집으로 간다. 구두 속 발은 성한 곳이 없다. 어느 날은 언제 걷어차였는지 모를 피멍이 들어 있고, 또 어느 날은 물집이 터져 그 자리에 피딱지가 얹혀 있었다. 전쟁터 같은 생의 터전에서 밥벌이를 위해 묵묵히 고통을 참았을 발을 보니 참았던 눈물이 터지기도 했다. 그렇게 모두가 잠든 밤이 되면 그제야 발은 하루 종일 이고 진 무게를 내려놓는다. 비로소 고개를 든 발은 깊은숨을 들이마시며 고단한 몸을 뉜다. 숨 가빴던 하루가 깊게 내뱉는 숨으로 허공에서 흐트러진다.

　오늘도 발은 척박한 땅에 뿌리를 내리듯이 굳은살 박인 자신의 몸을 내어준다. 치열한 세상 속에서 살아

남기 위해 그간 견뎌 냈을 삶의 무게가 230밀리의 발에 고스란히 묻어난다. 장애물에 쓰러지더라도 다시 일어서야만 했던 날, 고달프고 서러워도 멈출 수밖에 없었던 날, 모두 기억하고 있으리라. 지금의 내가 바로 설 수 있었던 건 그때 다시금 일으켜 세워 준 발 때문일 터. 수많은 시간 우직하게 견뎌 온 발이 믿음직하다. 오늘도 거칠어진 발을 쓰다듬으며 고맙다고 애썼다고 말해 주고 싶다.

물의 힘

 바람이 빗질을 해 놓은 강을 바라본다. 강의 물줄기는 산과 들을 지나 고즈넉한 마을에도 잔잔히 흐른다. 구부렁구부렁 휘어 흐르는 강물 위로 파릇한 잎사귀들이 바람 소리에 화답한다. 강물에는 수면에 비친 나의 그림자가 파르르 떨릴 뿐 물은 입을 꾹 다문 채 묵묵히 어디론가 흘러간다. 그때 나뭇잎 하나가 물의 방향을 뒤쫓아 간다. 이런 물줄기는 어디서부터 흘러온 것일까. 나는 웅크리고 앉아 깊은 물속 바닥을 물끄러미 바라보며 곰곰 생각에 잠긴다.

 어릴 적 마을회관 앞에는 깊은 우물 하나가 있었다. 할머니의 할머니의 시대에는 우물을 퍼서 밥도 짓고 빨래도 했다고 한다. 내가 자랄 때는 우물은 뚜껑을 덮고 긴 잠에 빠져 있었고, 그 주위로는 늘 축축한 이끼가 깔려 있었다. 아이들은 그곳에 모여 숨바꼭질도 하고 땅따먹기도 하며 놀았다. 그러던 어느 날 아이 중 한 명이 우물의 뚜껑을 열었다. 우물 안을 들여다본 건 그날이 처음이었다. 혹시 말라 버린 우물 안을 본 적이 있는가? 텅 빈 몸체는 어두웠고 묵직한 침묵이 메마른 밑바닥 깊숙이 뿌리내렸다. 갈라진 바닥 틈 어딘가에 존재할 물은 마치 스스로를 가두고 천천히 낡아 가는 듯 보였다.

 땅 위에 흐르는 물은 긴 세월 물길을 만들고 낮은 땅에 고여 자리도 잡는다. 때론 거센 물줄기를 타고 짙푸른 바다로 흘러가기도 한다. 뻗어 나간 물길은 땅 위의 모든 생명수가 되어 생명을 탄생시킨다. 땅속 깊은 곳, 한 가닥의 물줄기가 서서히 뻗어 나간다. 정처 없이 떠도는 물줄기는 예기치 못한 곳에서 솟아올라 마을의 샘터가 된다. 사람들은 그 물로 목을 적시고 세수를 하며 몸 안의 생명을 길러 낸다.

 물은 생기가 있는 곳과 시들어 가는 곳의 경계. 희망이 샘솟는 곳과 절망으로 메말라 버린 곳의 경계에 있었다. 우물 안에는 갇힌 생(生)도 있고, 넓은 호수에 머무르는 삶도 있다. 또 유유히 강물을 따라 드넓은 바다로 가는 인생도 있다. 그 주변에는 물에 뿌리를 내려 생(生)을 살아가는 나무, 풀, 새, 사람이 있다. 물은 자신에게 가느다란 잔뿌리를 내민 인생의 손을 묵묵히 잡아 주었다. 그리고 자신의 힘을 모아 뿌리가 뻗도록 단단히 붙들어 주기도 했다. 그렇다. 물의 힘은 생명 그 자체였다.

비록 삶이 평탄한 길만 있지 않아 이리저리 흔들리더라도 물은 절대 우리를 밀치지 않는다. 어렵사리 뻗은 땅속뿌리, 상처 난 뿌리까지 엄마의 품처럼 모두 보듬어 준다. 그러니 바짝 메마른 우물 속 물이 스스로를 가두듯 스스로 삶을 포기하지는 말자. 그 메마른 밑바닥 깊숙한 곳에 또 다른 길이 있고, 새로운 물이 흐를지 모른다.

생각하는 구름

 뭉게뭉게 구름 두어 점이 솜덩이처럼 떠 있다. 그러다가 한 점 두 점 뭉친 솜뭉치들이 양 떼 모양으로 푸른 하늘 한복판에 피어오른다. 뭉쳤다가 흐트러지고 흐트러졌다 뭉치며 흰 구름은 하늘 밑그림 위에 여러 모양으로 그려진다.

 오늘도 어김없이 퇴고 작업에 매달고 있다. 치열하게 생각 속에 빠져 있다 문득 하늘을 올려다보았다. 맑은 하늘은 끝없이 펼쳐진 하얀 구름들이 푸른 바탕 위에 솜덩이를 뭉게뭉게 낳았다. 나의 생각에 따라 솜뭉치들도 뭉게뭉게 몸을 바꾼다. 하얀 솜뭉치 속을 들여다보다 예전 기억이 떠올랐다.

 어려서부터 나는 유난히 생각이 많은 아이였다. 생각에 한번 빠져들면 꿈속에서까지 생각의 무리를 끌고

갔다. 생각을 끊어 보려고 다른 생각을 하면 신기하게도 연관도 없는 서로 다른 생각들이 전혀 새로운 생각으로 펼쳐지기 시작했다. 온종일 생각이 끊이지 않은 날, 하늘을 올려다보면 머릿속 생각들이 뭉게구름마다 꽉 들어차 있는 것 같았다. 생각은 생각을 낳고 구름처럼 뭉게뭉게 피어올라 여러 형상으로 조각된다. 마치 내 생각이 구름이 되는 것 같다. 사방으로 뻗어 나간 생각은 캄캄한 밤이 되면 더욱 깊어진다. 어둠 뒤 끝없이 펼쳐진 미지의 세계는 나에게 손짓하는 듯했다.

미지의 세계 속에는 상상도 못 할 일들이 펼쳐진다. 그곳에서는 새들과 나란히 하늘을 날고, 구름과 손을 잡는다. 나비들은 희망의 날갯짓을 하며, 벌들은 꿈을 키운다. 생각은 수많은 꿈을 생산했고, 매일 나는 꿈속에서 생각들을 펼쳤다.

오늘도 나는 나의 꿈을 위해 생각에 잠긴다. 하얀 백지 위 검은 점점이 뭉게뭉게 새로운 문장들을 만든다. 잠시 기지개를 켜며 창밖을 보았다. 파란 하늘에 뭉실 뭉실 새하얀 구름이 박혀 있다. 어쩌면 구름도 생각을 꿈꾸고 있지 않을까. 살포시 구름에 손을 내밀어 본다.

산을 품다

 산을 오른다. 이른 아침, 산길은 푸른 기운으로 선명하다. 청정한 숲과 푸른빛을 더하는 나무는 잡념을 사라지게 하고 마음을 새롭게 한다. 답답했던 가슴속 숨이 트인다. 숲길에는 여러 갈래의 길이 나 있다. 많은 사람들이 지나간 길은 큰길로 되어 있고, 인적이 드문 곳은 작은 길로 되어 있다. 숲에서 길을 잃었다 해도 작은 길을 따라가면 큰길을 만나게 된다. 큰길은 수많은 작은 갈림길과 이어져 있기 때문에 숲에서 길을 헤맨다 해도 걱정할 필요는 없다.

 우리는 정상에 좀 더 빨리 가기 위해 지름길을 선택했다. 큰길을 돌아 좁은 길로 들어서니 가파른 언덕이 보였다. 언덕에는 얼기설기 계단이 놓여 있었다. 자세히 보니 나무의 뿌리였다. 노출된 뿌리가 계단의 역할을 하고 있었다. 단단한 뿌리를 계단 삼아 우리는 목적한 정상을 향해 한 발씩 내디뎠다. 산꼭대기에 오르니 모든 사물들이 작게 보인다. 어제까지만 해도 커다랗게 보였던 고민거리가 작게 느껴지는 순간이었다. 나는 왜 그토록 작은 것에 집착하며 불안과 근심으로 하루하루 보냈던가. 정상에서 바라보는 세상은 더욱 선명하게 보였다. 풀숲에 가려졌던 좁은 길도 훤하게 보이는 순간이다.

 잠시 후, 우리는 오른 산을 되돌아 내려간다. 올라올 때 오름길이 되돌아갈 땐 내리막길이 되었다. 아까까지 낑낑대며 올라갔던 오르막길이었는데 말이다. 우리의 삶과 닮아 보였다. 살다 보면 승승장구 오름길처럼 잘 풀릴 때도 있고, 막다른 길에 부딪히듯 인생이 내리막길일 때도 있다. 오름길이라 좋아할 것도 아니고 가파르게 내리막길이라고 슬퍼할 것도 아니다. 나쁜 일은 언제고 지나가기 마련이다. 나무의 뿌리로 된 계단이 다시 보인다. 믿음직스럽고 단단해 보이는 뿌리의 강인함이 발밑으로 전해 왔다. 내려오는 길, 막혔던 가슴이 열리는 듯했다. 엉킨 잡념의 뭉치는 바람결에 풀어지고 강한 삶의 희망이 마음속에서 번져 간다.

오늘도 나는 삶 속에 산을 품어 본다.

삶의 흔적

바지에는 항상 얼룩이 묻어 있었다. 상의도 마찬가지이다. 빨래 바구니에 담긴 신랑의 작업복을 볼 때마다 하루의 고된 시간이 얼룩 속에 들어 있음을 생각하게 한다. 얼룩은 옷에만 묻어 있지 않았다. 낡아진 신발에도 군데군데 묻어 있었다.

유난히도 습하고 더웠던 여름, 신랑은 새벽부터 밤까지 일요일도 쉬지 않고 일을 나갔다. 비가 퍼붓던 날도 폭염이 지속되던 날도 신랑의 일은 계속되었다. 신랑이 그렇게 벌어 온 얼룩덜룩한 지폐는 한 집안의 살림을 꾸려 나갔고, 빚도 조금씩 갚아 나갔다. 그 돈으로 나는 신랑의 새 작업복을 주문했다. "나는 필요 없는데 왜 샀어. 자기 거 사고 싶은 거 사지." 새로 산 옷을 입으며 신랑은 멋쩍은 표정을 짓는다. 얼룩이 짙게 밴 작업복은 자신의 새벽잠보다, 하고 싶은 꿈보다, 몸을 편히 누일 쉼보다 더 많은 가치를 지니고 있다. 그 가치 속에는 가정을 지키려는 책임감과 평온함이 새겨져 있다.

 삶에는 정해진 답도 일정한 형식도 없다. 각자 개인의 주어진 환경만큼 몫을 살아 낸다. 삶의 무게를 감내해야 하는 능력 또한 같지 않다. 고통과 슬픔, 행복과 기쁨의 무게는 주관적이라 느끼는 스펙트럼의 범위도 다양하다. 땀으로 굳어 버린 신랑의 얼굴 피부는 점점 두꺼워져 갔다. 손바닥은 노동의 굳은살이 박여 갔고 점점 거칠어졌다. 그럼에도 불구하고 오늘도 어김없이 신랑은 새벽을 깨운다. 새 옷을 입고 출근하는 신랑의 뒷모습이 오늘따라 더 듬직하고 강인해 보였다.

 신랑이 출근한 후, 나는 때와 얼룩이 진 작업복을 세탁한다. 시커먼 구정물 속으로 슬픔과 절망, 고통이 비눗물에 씻겨 내려가는 듯했다. 깨끗해진 바지를 하늘을 향해 힘껏 탈탈 털었다. 미처 다 지워지지 않고 남은 얼룩이 보였다. 얼룩 위로 희망과 행복이 달라붙어 파란 하늘에서 반짝거렸다.

새벽을 깨우는 사람들

　새벽 공기는 맑고 투명하다. 밤새 어두운 이불을 덮었던 밤은 조용히 새벽에게 자리를 양보할 채비를 한다. 밤이 지나갈 즈음, 새벽이 어두운 이불 끝으로 새초롬한 얼굴을 내민다. 새벽은 살아 있는 것들에 생기를 불어넣어 주고 희망의 빛을 깨운다.

　어둠과 새벽 사이에는 가 버린 시간과 남아 있는 시간이 경계를 넘나든다. 지나간 시간 속에는 슬픔과 절망, 시들어 간 희망이 뒤엉켜 몸을 잔뜩 웅크리고 있다. 그리고 그곳엔 밤새도록 누군가가 어둠을 밀어 낸 상흔만 남아 있다. 어둠을 뚫고 나온 새벽은 상처 난 자리를 어루만진다.

　새벽길은 누군가에게는 생계이다. 밤낮이 뒤바뀐 사람에게는 새벽은 지친 피로를 풀어 주는 퇴근길 가로

등 같은 존재이다. 반면 형광색 옷을 입은 사람에게는 하루의 살림을 이어 가는 출근길 초인종이 되어 준다. 또 다른 길, 수십 개의 철근이 땅속 깊숙이 박힌 아파트 공사 현장의 인부들에게도 새벽은 찾아온다. 새벽이 물들이는 그 길 위에 사람들은 각자, 자신의 지난 상흔 위에 다시 새로운 희망을 덧칠한다.

오늘도 나는 새벽 달리기에 나선다. 새벽이 엷고 푸른 옷자락을 펄럭이는 곳, 그 길 위에 희망을 품고 힘차게 달려 본다.

집착과 희망

 바퀴가 천천히 굴러간다. 널따란 주차장 한편, 서행하는 차를 쫓는 시선이 있다. 어찌나 천천히 움직이는지 휴대폰을 들고 뒤따라 걷는 사람과 속도가 엇비슷하다. 차는 잠깐씩 멈춰 섰다를 반복한다. 그때마다 걷는 사람도 같이 멈춘다. 차를 쫓는 시선은 언니였다. 집 앞에는 ○○ 대학교가 있다. 그곳 주차장은 운전 연습을 하기에 제격이다.

 한가로운 주말 오전 시간, 몇 대의 차만 주차가 되어 있을 뿐 지나가는 사람도 거의 없다. 그리고 나는 일주일째 같은 장소, 같은 속도로 맹훈련 중이다. 이젠 제법 익숙해진 길이라 마음이 놓일 법도 한데, 주차장 밖으로 나가기엔 아직은 두렵기만 하다. 이렇게 내가 같은 곳에 집착할수록 언니는 나에게서 시선을 좀체 떼지 못한다.

그 무렵, 조카도 운전과 사투를 벌이는 중이었다. 따스한 햇살이 내리쬐는 어느 오후, 운동장 한편 자전거가 천천히 굴러간다. 조카는 아직 중심을 잡는 요령이나 발을 굴리는 모양이 서툴다. 언니는 자전거 짐받이를 잡고 중심을 잡기 위해 애를 쓴다. 자전거는 비틀비틀하며 굴러간다. 이내 축구 골대를 지나 거의 한 바퀴를 돌 때까지 언니의 손은 짐받이를 붙들고 있다. "엄마! 놓으면 안 돼." 조카는 연신 말을 내뱉으며 불안한 듯 자꾸 뒤를 돌아본다. 운동장을 도는 횟수가 거듭될수록 언니의 잡고 있는 손도 이젠 힘에 부치는 듯했다.

집착이라는 건, 마음을 놓지 못하고 매달리는 것이다. 외딴길에 홀로 서 있을 때 사람은 두려움과 외로움을 느낀다. 그럴 땐 누구나 매달릴 수밖에 없는 불완전한 상태일 테다. 내가 핸들을 꼭 잡듯, 조카도 자전거 핸들을 놓지 않기 위해 애를 쓰며 매달렸듯이 말이다. 나는 자동차 핸들에 매달리고, 조카는 자전거 핸들에 매달리고, 언니는 나와 조카에게 매달린다.

어쩌면 이렇게 매달릴 수 있다는 건, 그 끝에 희망이 있다는 게 아닐까. 지금은 같은 길을 되풀이할 뿐 아무것도 없지만, 내일은 안전지대를 벗어나 세상으로 나갈 수 있을지 모른다. 살다 보면 상황이 달라지는 일은 수시로 일어나기 마련이다. 한 가지를 이루기 위해 오롯이 매달렸던 집착의 시간. 그 인내의 시간은 용기를 주었다. 나는 주차장을 벗어나 도로를 누볐고, 조카는 홀로 자전거 페달을 굴렸다. 비로소 언니의 두 손도 자유로워졌다.

 지금 나는 글쓰기에 집착하고, 건강에 매달리고 있다. 온종일 매달리기도 하고 그러면서 삶의 소중함을 깨닫기도 한다. 그리고 하루하루 나에게 용기를 주며 내일의 꿈에 매달려 본다.

비둘기의 독립

 바닥에 오물이 잔뜩 들러붙어 있다. 누군가가 살다 간 흔적만 남아 있을 뿐, 둥지는 텅 비어 있다. 2년 전, 이사할 집을 둘러보다 발견한 작은방 쪽 베란다 실외기 자리. 이곳 아파트는 실외기 자리가 작은방 베란다 한쪽 공간으로 분리되어 있었다. 그리고 그 밑에는 어떤 새의 배설물로 보이는 오물이 쌓이고 굳어 화석처럼 서로 엉겨 붙어 있었다. 꽤 오랜 시간이 흐른 듯했다. 어차피 인테리어 공사를 하면서 들어올 집이라 크게 개의치 않았다. 그리고 작년 4월 세입자가 집을 비우면서 신랑과 나는 다시 그 집에 가 보았다.

 모든 짐이 빠져나간 자리엔 먼지만이 덩그러니 그 자리를 지키고 있었다. 서로 뒤엉켜 굴러다니는 먼지를 헤집으며 방 이곳저곳을 기웃거렸다. 그러다 어디선가 작은 소리가 들려왔다. 그 소리는 분명, 새 울음

소리였다. 처음에는 밖에서 나는 소리인가 싶어 거실 베란다 창문을 살짝 열고 밖으로 고개를 빼꼼히 내밀었다. 하지만 소리는 밖이 아닌 집 안에서 나는 것 같았다. 그때 신랑의 목소리가 들렸다. "자기야! 여기 비둘기가 있어."

언제부터였을까? 새끼 두 마리가 구구거리며 둥지에 붙박이처럼 앉아 있었다. 얼핏 새끼인지 어미인지 구분이 안 될 정도로 몸집은 제법 컸다. 신기하면서도 한편으로는 걱정이 되었다. 우리도 이사를 들어오려면 인테리어 공사를 시작해야 하고, 그러면 이곳 둥지도 없애고 실외기 밑 오물도 청소를 해야 하는데. 갑자기 머릿속이 복잡해지기 시작했다. 내 마음을 읽은 건지, 신랑은 "두 달 정도면 새끼도 독립을 할 것 같아. 우리가 좀 더 늦게 들어오지, 뭐." 하며 날 안심시켰다.

그사이 나는 인테리어 이곳저곳을 알아보고 다녔고, 살고 있는 집도 세를 놓기 위해 부동산 여기저기를 다니며 바쁜 나날들을 보냈다. 신랑은 퇴근하면서 비어 있는 집에 종종 들러 비둘기의 상황을 알려 주었다. "오늘도 비둘기 있었어?" 나는 퇴근하는 신랑에게 묻고 다음 날도 묻곤 했다. 어느 날은 보이지 않던 어미 새를 봤다고 했다. 그날 본 어미는 안절부절못하며 둥지 주위에서 떠나지 않고 새끼에게 먹이도 주지 않았다고 했다. 또 어느 날은 둥지 안 새끼들이 밖으로 날아오르려고 퍼드덕퍼드덕 날갯짓을 해 댔다고 했다. 그렇게 수없는 날들이 지나갔다. 두 달이 걸릴 거란 신랑의 예측보다 두 달이 더 보태진 넉 달 후 둥지는 텅 비었다.

네 달 전 봤던 새끼는 내가 보기에도 넉넉잡고 두 달 후면 세상 밖으로 나갈 것 같았다. 그러려면 지금부터라도 조금씩 세상으로 나갈 날갯짓을 연습해야 하는데, 새끼들은 전혀 그럴 생각이 없어 보였다. 안락한 둥지 안에 길들여져 있듯 어미가 물어다 주는 먹이를 먹으며 편안하게 앉아 있었다. 그런 모습을 보며 애태웠을 어미의 마음은 어땠을까. 잠시 그때를 떠올려 본다.

부모는 자식이 때가 되면 스스로 독립하기를 바란다. 자식보다 더 오래 살 수 없기에 부모의 마음은 같으리라. 만약, 자식이 자기 앞길도 헤쳐 나가지 못하는 나약한 아이가 되면 어쩌지…. 온갖 걱정을 끌어안고 부모는 살 수밖에 없다. 어미가 안절부절못하며 둥지를 떠나지 못한 것처럼 모정은 동물이나 인간이나 매한가지임을 새삼 깨닫는다.

하지만, 새끼도 나름 둥지 안에서 두려움을 딛고 수없는 날갯짓을 시도했을 거다. 그러다가 세상 밖으로 나가면서 그동안 알지 못했던 것들을 차츰 깨닫게 되니라. 세상은 둥지 안처럼 안락함만 있는 게 아니라는 걸. 한없이 넓은 세상은 예측할 수 없다는 걸. 때론 떨어지기도 하고 다시 하늘 높이 솟아오르면서 스스로 살아가는 법을 배우고 터득해야 된다는 걸 말이다.

나도 새끼 비둘기처럼 둥지에서 벗어날 때 두려움이 컸다. 혼자 모든 걸 책임져야 한다는 게 무겁게 마음을 짓눌렀다. 그러면서 넘어지기도 하고 다시 일어서는 법을 배워 나갔다. 아직도 안개처럼 알 수 없는 앞길에 무엇이 있을지 걱정이 되는 건 사실이다. 하지만 전처럼 두렵지만은 않다. 지금은 그때보다는 좀 더 단단해진 날갯짓을 하며 하늘 높이 날고 있을 나라는 걸 믿는다.

중용의 꿈

 초등학교 운동회 날 하이라이트는 단연 '계주'다. 가장 흥미진진하고 재미있는 탓에 운동회의 마지막을 장식하곤 했다. 일명 '이어달리기'는 각 반에서 가장 잘 달리는 아이들이 선발되고, 일정한 구간을 나누어 4명이 한 조가 되어 차례로 배턴을 주고받으며 달리는 육상 경기다.

 간혹, 배턴을 빨리 받거나 주려는 마음이 앞설 경우 종종 들고 있던 배턴을 놓쳐 땅바닥에 떨어트리는 경우가 있다. 그럴 땐 낭패다. 그만큼 시간이 지체되기 때문에 눈 깜빡할 사이 1등을 놓치고 만다. 계주만큼 서로 간에 너무 과욕을 부리지도 않게 그렇다고 너무 뒤처지지 않게 적절한 힘의 조절이 필요한 경기도 없다.

올해 4월, 나는 마라톤을 처음 나갔다. 달리기에는 영 가망 없어 보였던 나였다. 난 작년부터 시나브로 이어지며 연습해 나가던 날들이 쌓이더니 마침내 마라톤까지 나갈 수 있게 되었다. 하지만, 처음 나가는 경기라 감이 영 오지 않았다. 그래서 '페이스메이커'를 이용해 보기로 했다. '페이스메이커'는 나처럼 초보 러너들에게 일정한 페이스를 유지시키며 달릴 수 있게 하고, 포기하지 않고 끝까지 완주할 수 있게 도와주는 역할을 한다. '페이스메이커(페메)'가 된 사람들은 몸에 풍선을 매달고 달린다. 행여 다른 러너들과 뒤섞여 페메를 놓칠 수 있기 때문에 한눈에 쉽게 알아보기 위함이다. 따라서 페메의 역할을 한 사람은 중용의 마음이 있어야 한다. 자신이 대회 분위기에 심취한 나머지 페이스를 높였다가는 뒤따라오는 초보 러너들은 금방 나가떨어진다. 그만큼 초보 러너들에게 페이스가 중요하다.

그 후부터 나는 풍선을 보면 꿈과 희망의 의미도 있지만, '중용'이란 의미가 먼저 떠오른다. 그러면서 이런 풍선에서도 인생의 단면이 있지 않을까 생각에 잠긴다. 어릴 적 순수함으로 꿈을 향해 두 팔을 벌렸을 풍선은 나이가 들면서 그 순수성을 차츰 잃어 간다. 그 자리엔 욕망이란 단어가 꿰차고 들어앉고, 욕망은 멈출 줄 모르며 부풀어 올라 마침내 뻥 하고 터져 버린다. 욕심이 지나쳤던 거다. 자신의 분수에 맞게 살았어야 하는데 과하게 욕심을 부린 결과다.

반면에, 터져 버리면 어떡하지 하는 걱정과 불안으로 풍선에 바람을 적게 불어 넣으면 풍선의 크기는 쪼그라들듯 물렁물렁해진다. 새로운 도전 앞에 자신감이 없거나 실천이 부족해도 마찬가지다. 너무 일찍 포기해 버리면 자신의 능력을 다 발휘할 수 없게 된다.

지금 내 눈앞에는 적당한 크기로 부풀어 오른 보라색 풍선이 꿈을 싣고 둥둥 떠 있다. 나는 늦지 않기 위해 열심히 페메를 뒤쫓는다. 힘차게 지면을 내딛는 두 다리가 깃털처럼 가볍다.

지도가 그린 삶의 해답

 구불구불 곡선을 휘며 하얀 백지 위에 그린다. 곡선이 지나간 자리엔 새로운 땅이 생긴다. 크기도 제각각 모양도 다양하다. 그러다가 잠시 멈춘다. 그러곤 생각에 잠긴다. 내가 그린 복잡한 미로처럼 지도 속, 구부러진 길에 갇혔기 때문이다. "어디로 가야 하지?" 방향을 잃었다.

 얽혀 있던 지도를 그리다 말고 왔던 길로 거슬러 본다. 나의 삼십 대, 이십 대, 십 대 그리고 유년기… 곰곰 바라본다. 제각각 다른 색깔을 띠고 있다. 어두운 부분이 있는가 하면 밝은 부분도 있다. 뿌연 안개 속을 걷듯 흐릿한 기억으로 남아 있는 부분이 있는가 하면, 또렷한 기억으로 떠오르는 부분도 있다. 울고 웃었던 부분도 재생된다.

지나온 발자취 곳곳에는 삶은 무엇인가를 고민했던 순간에 물음표 몇 개가 띄워져 있다. 어두웠던 부분, 울음 자국이 지도 위를 덧칠했던 부분, 안갯속에 갇혀 헤맸던 길 위에서 멈췄고, 주저앉았고, '왜?'라는 질문을 수없이 던졌다. 고민은 길을 만들고, 길은 또 다른 길을 만들었다. 살아가면서 겪었던 에피소드들은 행복과 고통이 되어 하얀 백지를 채워 삶의 지도를 그렸다.

그러다가 지도를 다시 보게 되었다. 방향을 잃어 물음표가 있던 곳에 길이 보였다. 울음으로 얼룩졌던 자리엔 커다란 깨우침이 있었고, 어두웠던 이면에는 희망의 빛이 밝게 길을 비추고 있었다. 오늘도 나의 인생 지도는 구불구불 길을 그린다. 아직도 완성되지 않은 길은 끝이 보이지 않아 지칠 때도 있지만, 거기에는 희망이 있으니 두렵지 않다. 내가 그린 인생의 지도에서 앞으로 가야 할 삶의 해답을 찾아 본다.

일곱,
수필 쓰는 '하루'

허기를 채우는 그릇

고독은 성장판
사이사이 움튼다

삶은 퇴고이다

글 숲을 거닐다

과녁을 향해 날아가는 글

허기를 채우는 그릇

쌀통이 썰렁하다. 언제 이렇게 비어 버렸는지 쌀이 한 줌도 채 남아 있지 않다. 불과 며칠 전까지도 그득 담겨 있었는데 횅한 쌀통을 보니 괜히 가난뱅이가 된 기분이다. 쌀통에서 쌀을 꺼내도 넉넉하게 남아 있으면 마음이 든든하다.

글도 마찬가지다. 글 곳간이 비어 있으면 마음이 불안해진다. 떨어짐과 채워짐의 간격 없이 쓸 이야깃거리가 많고, 가득 채워진 원고들을 가지고 있어야 마음이 편하다.

텅 빈 글 곳간은 그 옛날 채워도 채워지지 않는 마음의 허기와도 같다. 마음에 들어찬 공허함은 그 어떤 물질적인 것들로 채워 본들 소용이 없었다. 잠깐의 허기는 달랠지 몰라도 이내 깊은 쓸쓸함이 마음에 스며들었다. 마음의 허기 같은 공허의 반복은 더욱 나를 벽 안쪽의 어둠에 가두었다. 그때 일기장에 끄적였던 글들만이 마음의 외로움을 달래 주었다.

글쓰기는 내게 그런 것이다. 매일 쓰기를 꾸준히 하다 보니 마음이 풍요롭고 부유해졌다. 이제는 물리적인 어떤 것보다 보이지 않는 내면의 단단함만이 텅 빈 곳간을 채울 수 있고 마음의 허기를 달랠 수 있다는 걸 깨닫는다.

고독은 성장판 사이사이 움튼다

 인간은 고독하다. 세상에 태어났을 때 혼자였고, 땅속으로 들어갈 때도 혼자다. 그리고 고독은 혼자였을 때만 누릴 수 있는 특권이다. 삶과 삶의 사이에 있는 고독의 시간은 분명 당신을 단단하게 만들어 준다. 고독이 주는 고요함은 자기 자신에게 무수히 많은 질문과 대답을 하게 한다. 그러면서 당신을 꽤 괜찮은 사람으로 성장시킨다.

 그런 의미에서 성장판은 고독과 닮은 점이 많다. 보통 사춘기 전까지 성장판은 열려 있다. 성장판은 한번 닫히면 영영 되돌릴 수 없기 때문에 이 시기 부모들은 자녀들의 키를 키우기 위해 부단히 애를 쓴다.

 예전에 잠시 조카와 한 방을 쓴 적이 있었다. 그 당시 조카는 키가 크려는지 밤마다 무릎이 아프다고 울었다. 언니는 그런 조카를 품에 안고 연신 무릎에 마시지를 해 주었다. 잠잠해지나 싶더니 통증은 다시 조카를 괴롭혔고, 오롯이 성장통의 시간을 견뎌 내야 하는 건 조카 스스로였다. 그런 조카는 홀로 고독의 시간을 건디며 한 뼘씩 성장했다.

 성장판이 닫힌다는 의미는 단순히 성장판의 문이 열렸다 닫힌다는 것이 아니다. 성장판의 양쪽 끝부분의 연골이 점점 단단한 뼈로 바뀌게 되는 것을 의미한다. 삶에서 고독 또한 마찬가지일 터. 살아가면서 겪게 되는 고통과 시련, 위기는 고독의 시간 위에 우리를 더욱 단단한 사람으로 성장시켜 준다.

 나는 수필을 쓰기 시작하면서 다시 성장통을 앓고 있다. 수필은 자신의 삶과 인생을 담는 그릇이라 했다. 자신의 현재를 뒷받침해 주었던 커다란 깨달음이나 자아 성찰을 통해 자기를 객관화시켜 봄으로써 자아로의 존재 전환을 이룩하는 자기 고백서의 문학이라 말한다.

자신을 드러내는 일, 결코 쉽지 않다. 하지만 자신을 드러내지 않고는 진실을 말할 수는 없다. 그래서일까. 나는 수필의 매력에 푹 빠져 있는지도 모른다. 글쓰기의 성장통은 나를 고독의 공간에 가둔다. 그 공간은 지나온 과거 속 나의 에피소드들이 한데 어우러져 있는 저장 공간이다. 그 공간 속 잠들어 있던 사건들을 깨워 의미를 부여할 때 그 사건들은 다시 살아난다. 그리고 내게로 와 나의 수필을 실현해 준다.

고독하지 않은 사람은 세상에 단 한 명도 없다. 누구나 고독을 마음 한편에 간직한 채 살아간다. 그러니 고독의 시간이 괴롭거나 고통스럽다고 여기지 않았으면 좋겠다. 고독의 시간은 과거 속 나와 만나는 유일한 시간일 테니 말이다. 만약, 지금 당신이 고독하다 느낀다면 그건 인생의 성장앓이 중이라는 걸 알자.

삶은 퇴고이다

 책상 위 지우개 가루가 수북하다. 오른손에 지우개를 움켜쥔 채, 습작 노트를 뚫어져라 쳐다본다. 방금 써 낸 문장이 탐탁하지 않은지 입이 삐죽 나온다. 그러곤 한숨을 푹 내쉬며 빡빡 문질러 지워 버린다.

 한 편의 글을 써 나가는 일은 문장을 고치는 행위의 연속이다. 어느 유명 작가는 "위대한 글쓰기는 존재하지 않는다. 오직 위대한 고쳐 쓰기만 있을 뿐이다."라고 했다. 글쓰기를 한 번이라도 해 본 사람은 이 말의 의미를 알 것이다. 수없이 썼다 지웠다를 반복하는 자신의 모습 말이다.

 퇴고는 또 하나의 나를 완성해 나가는 과정 같다. 실수도 많고 부족한 것투성이인 부분을 지우개로 고치고 또 고치고를 반복해 나간다. 그러다 (100%는 아니더라도) 어느 정도 만족할 만큼 원고를 쓰고 나면 그 성취감은 이루 말할 수 없이 크다. 물론, 100% 완벽할 수는 없다. 퇴고의 과정이란 숱한 좌절 속에서 반복과의 싸움을 견뎌 내며 조금씩 성장해 가는 자신의 모습을 보는 것. 그렇게 나를 완성해 나가는 길이 퇴고의 묘미이기도 하다.

어디 퇴고뿐이랴. 우리의 인생도 마찬가지다. 삶의 곳곳에 시련과 역경이 놓여 있는 탓에 우리는 수없이 좌절하기 일쑤다. 설령, 짙은 어둠 속에서 길을 잃고 넘어지고 엎어질지라도 일어서기를 반복해 보자. 불확실한 미래에 두려움이 생기더라도 한 발씩 앞으로 옮겨 보자. 완벽한 인생은 없다. 그 길에서 정해진 결과도 없다. 그저 끊임없이 길을 고치고 또 고치면서 앞으로 나아갈 뿐이다. 그렇게 그 길을 묵묵히 걸으면 된다.

글 숲을 거닐다

 오늘처럼 마음이 어지러울 때는 가시넝쿨 얽힌 길을 걷는 것 같다. 퇴고를 위해 문장을 따라가다 보면 길을 잃고 허둥댄다. 도대체 내가 지금 무엇을 하고 있는가 싶기도 하다. 읽었던 부분을 다시 읽고 이내 뒷걸음질로 와 다시 읽고 또 읽고 같은 자리만 몇 번을 맴도는지 모르겠다.

 퇴고의 길은 흐트러진 구슬을 가지런하게 꿰는 것처럼 인내와 노력이 필요하다. 밭에 삐죽빼죽 나 있는 잡초를 고르는 것과도 같다. 문장을 여러 번 눈으로 읽으며 마구 헝클어진 머리카락을 빗질하듯 오늘도 나는 뒤틀리고 흐트러진 문장을 고치고 또 고친다. 하지만 뒤죽박죽 엉켜 버린 마음 탓에 퇴고 작업이 더디기만 하다. 문장을 가지런히 놓는 것보다 오늘은 내 마음을 바르게 잡는 게 더 시급해 보인다.

매끄럽게 쓰인 좋은 문장을 읽으면 바람이 살랑살랑 부는 숲길을 걷는 것처럼 기분이 좋아진다. 시원하게 뚫린 숲속에서 작가와 나란히 걸으며 함께 까르르 웃고, 때로는 그의 아픔을 들으며 눈물을 흘리기도 한다. 그러면서 위로를 받기도 한다.

좋은 글을 읽고, 쓴다는 건 어떤 것일까. 글을 쓰면서도 위로받고 읽으면서도 위로받는 글이 아닐까. 어쩌면 내가 글을 쓰는 것도 스스로를 위한 것일지도 모르겠다. 이렇게 안으로 향하는 글을 쓰다 보면 스스로 마음을 다잡을 수 있기 때문이다. 목과 어깨가 뻐근하도록 오늘도 나는 글 숲을 거닌다.

과녁을 향해 날아가는 글

"텐! 텐! 텐!"

제19회 항저우 아시안게임이 한창이었던 어느 날, 티브이에서는 국가대표들의 양궁 경기가 한창이었다. 사각형의 판에는 작은 원부터 큰 원까지 각각 다른 색으로 동그라미 모양의 선이 그려져 있다. 정중앙의 색은 노란색이며 점수가 가장 높다. 그리고 중앙부터 밖으로 즉, 노란색 → 빨간색 → 파란색 → 검은색 → 하얀색으로 갈수록 점수는 10점부터 1점씩 줄어든다. 선수들은 오직 정중앙을 바라보며 온 마음을 다해 활을 힘껏 당긴다. 휘이잉 소리와 함께 활은 허공을 뚫고 정중앙에 꽂힌다. "텐!" 그때의 짜릿함은 선수 본인뿐 아니라 보는 관중의 마음까지 찌릿하게 한다. 하지만 부담감에 너무 긴장한 나머지 자칫 실수라도 하게 된다면, 활의 방향은 갈 길을 잃고 과녁 밖으로 떨어지고 만다. 국가대표 선수들이 긴장한 표정으로 활을 잡은 모습을 보고 있으니 문득 작가들의 삶이 선수들의 마음과 다를 바 없구나 생각이 들었다.

 '무엇을 써야 할까?' 아니다. '어떻게 써야 할까?'가 좀 더 정확한 물음일 테다. 요즘 글을 쓰면서 수없이 던지는 문제다. 작가로서 어떤 이야기를 써야 문학적 효용을 담을 수 있을까. 시인이라면 알듯 모를 듯 시로 풀어 낼 테고, 소설가라면 여러 가지 공상의 이야기를 소재로 삼아 소설을 쓸 것이다. 하지만, 나는 수필을 쓰는 사람이다. 즉, 거짓이 없는 리얼리티를 깔고 발가벗기듯이 써야 한다. 내가 직접 보고, 듣고, 느끼고 경험한 것을 풀어 내야 한다.

 수필을 쓰기 시작하면서 내면의 나를 더욱 깊게 이해하게 되었다. 그리고 과거 군데군데 상흔이 남아 있던 자리에 새살이 돋고 있음을 보게 되었다. 지금은 첫 수필집을 집필 중이며 아주 리얼하지는 않더라도 최대한 나의 힘들었던 삶을 담아내기 위해 애를 쓰고 있다. 내가 글을 쓰며 내면의 상처를 많이 치유했듯 한 사람이라도 내 글을 읽고 위안을 받기를 바라는 마음으로 진심을 다해 퇴고 중이다. 만약, 내가 여기에서 멋을 부리고 싶어 화려하게 포장을 한다면 나의 화살은 독자의 마음을 벗어나 땅으로 곤두박질칠 것이 뻔하다. 나는 진짜 글을 쓰기 위해 덜어 내고 또 덜어 내야 한다. 그러다가 자꾸만 멋으로 덧칠하려는 나를 발견한다. 그럴 땐 생각한다. 세상에는 매일매일 낭떠러지에서 힘겹게 버티는 사람들이 많다는 걸. 그들의 설움, 아픔, 상처 난 마음들은 누가 대신해 줄 것인가. 그리고 다시 나를 돌아본다.

오늘도 나는 과녁을 향해 나의 글을 쏠 준비를 한다. 내가 쏘아 올린 글이 독자의 샛노란 마음에 가닿기를 기도하면서 말이다. 그리고 그들의 마음에 위안이 되어 주길 바라면서. 나는 흔들리는 활을 다잡듯이 다시 펜 끝에 힘을 준다.

 글을 닫으며

  수필은 삶이다. 그래서 특별할 것도 새로울 것도 없다. 사람들 속에서 내가 살아가는 이야기이며 내 이웃의 이야기이다. 매일 마주하는 풍경과 사람들, 뻔한 이야기이다. 맞다. 그 풍경이고 그 사람들이다. 하지만 나는 오늘도 그 뻔한 일상 속에서 글감 나들이에 나선다. 시각과 청각, 촉각 등 오감을 총동원해서 생각 채집망 하나 어깨에 걸치고 길을 다닌다.

  하천 길을 따라 알록달록 여러 꽃들과 풀들이 어우러져 있다. 봄에는 하얀 나비가 술래가 되고, 가을에는 고추잠자리가 술래가 된다. 이번에는 내 차례이다. 술래가 된 나는 생각 채집망을 일상 공간에 풀어 놓는다. 생각 채집망에는 구름도 쉬었다 가고, 바람도 나들이 온다. 그리고 구경 나온 사람들도 술래가 된다. 재잘대는 새소리, 찌르르 풀벌레 소리, 졸졸졸 시냇물 소리가 생각 속으로 미끄러지면서 내 안으로 쏙 들어온다.

일상에서 건어 올린 글감은 생각의 날개를 달고 감정의 바람에 몸을 실어 문장의 무늬를 만들어 낸다. 모니터 속 깜박이는 커서는 오늘도 발자국을 남긴다. 그리고 삶이 녹아든 문장이 하얀 여백 위를 채운다.

 추천사

우리 시대의 천자춘추(千字春秋)

노희상
(문학평론가, 문학사랑신문 수석논술위원)

김명미(필명, 몽자) 작가의 수필집 초고를 받고 단숨에 읽었다. 소감은 한마디로 표현하자면 '천자춘추(千字春秋)'라는 느낌이 들 정도로 간결하면서 감동적인 글이었다.

수필은 '붓 가는 대로 쓰는 글'이라는 일반적인 통념이 적용되긴 하지만 여기서는 잘 정제(精製)된 글이라야 감동을 줄 수 있다는 새로운 자각을 안겨 주고 있다. 아무래도 수많은 퇴고를 거친 글이기 때문이라고 본다.

작가의 하루를 보면 매우 수필적이다. 수필처럼 살고

수필을 쓰며 산다. 글과 친하다는 것은 그만큼 삶을 진실하게 산다는 증거이다. 그녀는 일상에서 얻을 수 있는 소재는 물론, 자신이 체험하고 겪은 유년과 청소년 시절의 아픔과 소외 그리고 사랑, 결혼 이후의 차가운 현실을 작가적인 섬세한 관찰력과 개성적인 문체로 잘 그려 내고 있다. 특히 사실 묘사에 그치지 않는 깊은 통찰을 바탕으로 표현들이 30, 40대 여성 독자들에게 큰 울림을 주리라 생각된다.

 어떤 글은 간결하면서도 묘사가 뛰어나고, 어떤 글은 반성과 동회(通悔)의 염(念)이 가득하다. 특히 부모와 기족에 대한 애정은 독자의 가슴을 먹먹하게 마취시킨다.
 그녀의 글에서 풍기는 명쾌함은 작가가 단거리 생활 마라토너라는 점을 알면 더 이해가 빠르다. 작가는 몸과 영혼의 건강, 발전이 하나라는 자각을 토대로 끊임없이 달리고 걸으면서 '인생길'의 오묘함과 진수를, 엉겨 붙은 거미줄을 한 올 한 올 풀어내듯이 잘 풀어내고 있다. 다만 그 안에 숱한 아픔과 눈물이 자리를 잡고 있어 읽는 이의 가슴을 폭풍우나 거센 파도처럼 두드리다가 어느새 살랑대는 봄바람처럼 위무하기도 한다.

  글을 읽다 보면 참, 아름다운 심성의 소유자라는 점을 발견하고 동일시의 대상이 되고 싶다는 끌림을 받을 만큼 아름답고 그윽한 수필이다.

  김명미 작가의 수필이 고난과 갈등, 소외를 이겨 내고 자아실현을 꿈꾸는 젊은 독자들의 삶과 미래 개척에 큰 도움을 주리라 생각하여 추천한다.